영상번역가로
산다는   것

프리랜서에서 1인 기업가로

영상번역가로 산다는 것

함혜숙 지음

프롤로그

꿈을 꾸는 그대에게

나는 대학생 때부터 번역가를 꿈꿨다. 그런데 어떻게 해야 할지 방법을 알 수 없었다. 일반 기업처럼 입사 시험이 있는 것도 아니고, 아는 번역가도 없어서 조언을 구할 만한 곳이 없었다. 번역가로 입문하는 건 둘째 치고 어떻게 번역 공부를 할지도 감이 안 잡혔다. 그저 맨땅에 헤딩하는 심정으로 독학을 했다. 온갖 번역 관련서를 사서 열심히 들여다보고, 온라인 번역 카페에 가입해 번역 스터디에도 참여했다. 순위권에 들면 상금도 주고 번역가 입문 기회를 준다는 말에 혹해서 사이버 번역 시험에도 응시했다. 지금 생각해 보면 공신력이 있는 시험도 아니었다. 결국 응시료만 날렸다. 번역과 관련된 거라면 여기저기 기웃거리고, 이것저것 다 찔러 봤지만 속 시원한 해결책을 찾지 못했다.

막무가내로 혼자 번역 공부를 하다가 졸업할 무렵 인터넷으로 번역 회사를 알아봤다. 그러던 차에 어느 영상번역 회사의 구인 광고를 보았다. 졸업할 당시, 내세울 만한 이력은 없었다. 홈페이지를 만들어 직접 번역한 자료를 올려 뒀었는데, 그거 하나 믿고 이력서를 냈다. 다행히도 번역에 대한 열정을 인정받아 직원으로 채용됐다. 그때가 2001년도다.

내가 들어간 영상번역 회사는 케이블 채널로 방송되는 외국 드라마나 영화를 주로 번역하는 곳이었다. 출판번역가를 꿈꾸다가 얼떨결에 영상번역 업계에 발을 들이게 된 것이다. 영상번역을 따로 공부한 적은 없어서 입사 당시, 내 머릿속은 말 그대로 새하얀 백지 같았다. 아무리 쥐꼬리만한 월급이라 해도 남의 돈을 받고 일하기 시작하는 순간, 우리는 끊임없이 자신의 가치를 입증해야 한다. 번역 능력으로는 어찌해 볼 수가 없어서 나는 그저 성실함 하나로 버텼다. 아무 경력이 없는 나를 채용해 줬다는 사실만으로도 감사해 하며 어떤 부당한 일을 당해도 묵묵히 견뎌 냈다.

'언젠가는 번역가가 될 거야'라는 꿈을 꿀 때는 막막한 어둠 속에서도 저 멀리 한 줄기 빛이 보였다. 번역 업계에 발을 들인 후로는, 그 한 줄기 빛이 사라져 버렸다. 사방이 벽으로 막힌 캄캄한 곳에 나 혼자 갇힌 느낌. 문이 어디 있는지도 모르고 언제 거기서 벗어날 수 있을지도 모르는 그 절망감이란…. 그때 나는, 뼛속 깊이 외로웠다. 꿈과 열정으로 가득했던 내 청춘은 서서히 시들어 갔다. 그때 내 옆에서 손을 잡아

주는 누군가가 있었다면. 그곳을 빠져나올 방법이 있다고 얘기해 줄 사람이 있었다면.

지금 어디선가 꿈을 꾸며 방향을 못 잡고 있는 누군가, 좋아하는 일을 직업으로 삼겠다는 꿈이 망상이라며 조롱당하고 있는 누군가, 막막함에 주저앉아 울고 싶은 누군가, 영상번역가를 꿈꾸지만 방법을 몰라 헤매고 있을 누군가에게 손을 내밀어 잡아 주고 싶다.

영상번역가로 입문하기까지도 가시밭길이 펼쳐지지만, 입문한다고 바로 꽃길이 열리지는 않는다. 영상번역가는 프리랜서로 일을 해서 같은 일을 하는 동료들을 찾기가 쉽지 않다. 처음부터 끝까지 혼자 부딪치며 시행착오를 겪어야 한다. 그래서 영상번역가로 입문하고 나서도 막막할 때가 많다. 그런 새내기 번역가들한테도 선배이자 동료로서 힘이 되어 주고 싶다.

10년간 영상번역 업계에서 경험했던 것들을 정리해 2011년에 『영상번역가로 먹고살기』라는 제목으로 책을 출간했었다. 그 뒤로 5년이 넘는 시간이 흐르면서 영상번역 업계에도 여러 가지 변화가 생겼다. 안타깝게도 번역료만큼은 요지부동, 오를 생각을 하지 않는다. 오히려 벼랑 밑으로 떨어질 위기에 처해 있다. 영상번역가로 먹고사는 일이 갈수록 녹록치 않아진다. 그럼에도 많은 이들이 영상번역가를 꿈꾼다. 주변에서 말려도 소용없다. 그런 사람들에게 제대로 된 정보를 알려 주고자 질핀이 됐던 『영상번역가로 먹고살기』 내용을 고쳐서 전자책 『함혜숙의 영상번역가로 먹고살기』를 냈었다. 그 내용을 다시 전체적으로 손을 봐서 『영상번역가로 산다는 것』이란 제목으로 고쳐 쓴 것이 바로 이 책이다. 이전 책이 '영상번역가로 입문하기'에 초점을 맞췄다면, 이번에는 영상번역가로 즐겁게 오래 일하는 방법을 제시하는 데에 좀 더 집중했다.

책을 펴낸 2011년의 나와 2017년 현재의 나는 많이 달라졌다. 입문하고 2011년까지 10년간은 그저 방 안에 갇혀 일만 하며 죽어라 버텼다. 나만의 성에 갇혀 주변을 돌아보지 못하고 고립된 채 살았다. 당시엔 미래를 꿈꿀 여력이 없었다. 당장 살아남아야 한다는 생존 문제만이 절실했다. 그러나 책을 내고 나서 집 밖으로 나와 많은 이들을 만나며 세상을 보는 눈이 좀 더 넓어졌다. 마음에 여유도 생겼다. 번역에 뿌리를 두고 얼마든지 원하는 방향으로 가지를 뻗어 나갈 수 있다는 사실을 알게 됐다.

책 한 권을 써낸 일을 시작으로 강의를 시작하게 됐고, 강의를 하다가 영상번역 아카데미를 차리게 됐고, 그러다 번역회사를 차려 신인 영상번역가들에게 입문할 수 있는 발판을 마련해 주게 되었다. 영상번역가들이 경력을 쌓는 한편, 책을 쓰는 저자로 영역을 넓힐 수 있게 출판사까지 하기로 했다. 프리랜서로 일하다 기업가로 발전하게 될지, 2011년에는 꿈에도 생각하지 못했다.

번역가를 꿈꾸는 이들은 어떻게 입문할지가 가장 궁금할

것이다. 5년, 10년, 20년…. 그 이상 계속 번역하는 삶을 지속할 수 있을지 생각할 겨를이 없다. 하지만 번역을, 잠시 스쳐 지나갈 취미 생활이 아니라 오래 지속할 수 있는 천직으로 삼을 수 있을지도 생각해 봐야 한다.

인공지능 번역이 발달하면서 가까운 미래에 사라질 직종에 번역가가 포함된 상황에서, 제대로 된 정보도 조사하지 않고 꿈만 꾸면 망상이 돼 버린다. 올바른 방향을 잡고 실천 방법까지 구체적으로 세워야 꿈을 실현할 수 있다. '속도가 중요한 게 아니라 방향이 중요하다'라는 말이 있다. 방향만 제대로 잡는다면 조금 더디더라도 언젠가는 목적지에 도달할 수 있다. 이 책이 그런 나침반 역할을 하길 기대한다.

한편, 영상번역가 지망생이 아닌 일반 독자들도 이 책을 관심 있게 봐 주기 바란다. 독자가 없는 책은 무용지물이듯이, 영상번역도 관객이나 시청자가 없으면 존재 이유가 없다. 번역이 엉망이라서 작품을 훼손했다고 불만을 표시하는 사람들이 있지만 영상번역의 특성을 몰라서 오해하는 경우도 많다. 영상번역가한테 번역을 한다는 건 자기만족에 그치는 게 아니라 누군가와 소통을 한다는 의미다. 영상번역가가 번역한 내용을 관객이나 시청자들이 이해하지 못한다면 그건 소통에 실패한 것이다. 하지만 번역 때문에 작품이 훼손됐다는 비난을 들어도 번역가가 직접 나서서 속 시원히 해명할 기회가 없다. 그저 벙어리 냉가슴 앓듯 속앓이만 해야 한다. 그런 혼자만의 속앓이를 끝내고, 이 책을 통해 시청자들과 소통을 해 보고 싶다. 영상번역의 특성을 이해하고 나면 자막을 보는 눈이 넓어지고 뜻밖의 즐거움을 알게 될 것이다.

극장 스크린에 이름 석 자를 올리고 싶다는 환상에 사로잡혀 영상번역가를 꿈꾸는 사람이 있다면 그 환상을 깨기 바란다. 영상번역가라는 직업 자체는 화려하지 않다. 매력적인 직업이 되느냐 마느냐는 본인이 어떠한 자세로 임하는지에 달렸다. 꿈을 꾸는 모든 이는 아름답다. 현실을 똑바로 마주하고 행동 하는 이는 더욱 아름답다. 그런 이들을 진심으로 응원한다.

2017, 함혜숙

차례

프롤로그 | 꿈을 꾸는 그대에게 4

1부

어쩌다 운명, 영상번역

열정에 청춘을 담보 잡히다 17

나의 천직, 영상번역 23

영상번역가의 일 26

출판번역 VS 영상번역, 내게 맞는 분야는? 31

영상번역은 평생 직업? 38

영상번역가의 자존감 43

제2 외국어 영상번역가 생존기 45

프리랜서의 재산, 동료 49

쉬어가기 | 영상번역가 사용 경고문 55

2부

영상번역, 꿈과 현실 사이

직역이냐, 의역이냐 59

영상번역가의 자질, 덕후력 62

영상번역가는 고소득 전문직? 67

영상번역만으로 밥벌이가 될까? 70

번역가의 연봉은 어떻게 결정되나? 76

번역 속도도 실력 79

걸어 다니는 백과사전 되기 84

검색은 번역의 힘 86

쉬어가기 | 번역은 외모가 아닌 실력으로 말한다 89

3부

영상번역, 한번 해 볼까?

영상번역, 내 적성에 맞을까? 93

리스닝 실력이 완벽해야 할까? 98

외국어 전공과 어학 연수는 필수? 99

영상번역을 투잡으로 할 수 있을까? 101

번역은 재능 기부가 아니다 103

이력서, 나를 알리는 첫걸음 107

영화제 지원하기 110

번역료, 알고 넘어가자 114

쉬어가기 | 번역 자격증 필요할까? 119

4부

**영상번역,
공부해 볼까?**

영어 교재를 선택하는 방법 123

살아 있는 교재, 미드 125

영어 공부와 번역 공부를 동시에 127

문어체보다 구어체 130

글쓰기 훈련의 기본, 베껴 쓰기 133

번역의 완성, 맞춤법 137

영상번역 감 익히기 140

쉬어가기 | 원판 불변의 법칙 142

5부

**영상번역
실전 팁**

시간과 공간의 제약이 있는 영상번역 145

영상번역의 핵심, 스파팅 155

더빙 번역 VS 자막 번역 164

영상과 음성에 단서가 있다 170

캐릭터 말투 설정하기 173

순서대로 번역하기 181

한 글자에 목숨 걸기 184

방송 심의, 표현 순화하기 201

기타 유용한 영상번역 팁 205

영상번역 실전 221

쉬어가기 | 은밀한 19금 번역 이야기 226

6부

**영상번역가의
유쾌한 반란**

대체 불가능한 존재는 없다 231

내 인생의 터닝 포인트, 책 쓰기 234

밑바닥을 치고 올라오다 239

아카데미와 번역회사 대표로 거듭나다 242

글 쓰는 번역가들의 놀이터, 출판사 246

나의 존재는 무엇으로 증명하는가 249

영상번역가, 연대를 꿈꾸다 253

쉬어가기 | 오역의 탄생 259

에필로그 | 삶의 파도 타기 260
부록 1 | 영상번역가의 서평 263
부록 2 | 영상번역 공부에 도움이 되는 책 281

1부

어쩌다 운명, 영상번역

열정에 청춘을 담보 잡히다

나는 어쩌다 영상번역가가 되었을까. 고등학교 때부터 번역가가 되고 싶었지만 책을 번역하는 출판번역가를 꿈꿨지, 영화나 드라마를 번역하는 영상번역가는 내 선택지에 없었다. '영상번역'이라는 분야가 있다는 것조차 아주 뒤늦게 알았으니.

내가 중학생이던 1990년 어느 날, 할머니 댁에 놀러 갔다가 우연히 홍콩 영화 <첩혈쌍웅>을 봤다. 한자로 된 제목부터 생소한 홍콩 영화를 그때 처음 접했다. 극중에서 킬러로 나오는 주윤발이 입에 성냥을 물고 권총을 쏘는 모습에 흠뻑 빠져 버렸다. 같이 보던 엄마는 총알을 수십 발 맞고도 사람이 어떻게 멀쩡하냐며, 말도 안 된다고 비웃었다. 하지만 냉정한 킬러이면서도 자신 때문에 눈을 다쳐 시력을 잃은 여가수 제니를 끝까지 지켜 주려던 주윤발은 나에게 영웅이었다. 이후에 홍콩 영화를 닥치는 대로 찾아 보면서 장국영과 유덕화에게 반하고 중국어에도 매력을 느끼게 됐다. (내가 들었던 중국어는 표준어가 아니라 광둥어라는 사실을 나중에야 알았지만.) 고등학교에 들어가서도 제2 외국어로 중국어를 택했다. 1992년에는 한중 수교가 이뤄지면서 중국어가 각광받기 시작했다. 중국어의 미래가 밝다는 선생님의 말씀을 철석같이 믿었다. 그때부터 나의 목표는 하나! '통역이든 번역이든 중국어 하나로 먹고살겠다.'

그래서 조금의 망설임도 없이 중문학과에 지원했다. 중국어 하나만 잘해도 통번역 전문가가 될 수 있을 거란 생각에 영어 공부는 전혀 하지 않았다. 대학 졸업할 때까지 토익 시험을 본 건 딱 한 번. 자랑할 일은 아니지만, 영어는 필요한 사람만 배우면 된다고 생각했기 때문에 부끄럽게 생각하지도 않았다.

대학 시절 4년 내내 번역가가 되겠다는 꿈은 변함이 없었다. 개인 홈페이지를 만들어서 온라인 번역 스터디를 운영하고, 오프라인 번역 스터디 모임도 했다. 자기 글을 쓰는 것도 아니고 남의 글을 옮기는 번역가를 왜 하려고 그러느냐는 선배의 비아냥거림도 가볍게 무시해 주고 꿋꿋하게 번역가의 꿈을 키웠다.

대학 졸업 후에도 매일같이 인터넷으로 번역 관련 정보를 찾다가 우연히 영상번역 직원 모집 공고를 봤다. 공고가 뜬 지 한참 지났지만, 혹시나 하는 마음에 이력서를 보냈다. 번역 경력이라곤 전혀 없었지만 홈페이지를 운영하면서 스터디했던 경험을 주절주절 썼다. 다행히 열정(?)을 인정받아 직원으로 입사했다. 그때 마침 위성 TV 시대가 시작될 때라서 중국어 번역 물량이 많을 거라고 했다.

"사생활은 포기해야 할 거야." 면접을 보러 갔을 때 사장이 비장하게 던진 이 말에 밝은 목소리로 "네!"라고 대답했다. 그토록 꿈꾸던 번역 일을 하게 됐다는 생각만으로도 가슴이 벅차서 '그깟 사생활쯤이야' 얼마든지 포기해 줄 수 있다고 생각했다. 학점과 시험 점수에 맞춰 일반 기업에 어렵게 취업한 친구들보다도 내가 하고 싶은 일을 하게 됐다는 사실에 우쭐해지기도 했다.

그렇게 시작한 회사 생활은 처음부터 '월화수목금금금'이었다. 퇴근 시간은 밤 10시. 토요일과 일요일은 물론이고, 명절 연휴에도 계속 일을 해야 했다. 처음엔 월급도 없었다. "하는 거 봐서 정직원으로 채용할지 결정하겠다."라는 사장의 말에 목숨 걸고 열심히 일했다. 그렇게 해서 받은 첫 월급이 50만 원. "비디오랑 TV를 사."라는 사장의 특별한 배려(집에서도 일하라는 뜻)로 딱 50만 원에 맞춰 TV와 비디오를 샀다. (요즘은 노트북으로도 영상번역을 하지만, 예전엔 비디오와 TV로 작업을 했다. 비디오와 TV를 둘러메고 카페에 갈 수 없던 시절이었다.) 번역과 감수는 컴퓨터만 있으면 어디서든 할 수 있는 일이라 집으로 퇴근을 해도 일의 연장이었다. 그야말로 365일 매일, 낮과 밤 구분 없이 일에 치여 살았다.

처음에는, 일이 익숙해지면 삶에 여유가 생길 거라고 희망을 품었다. 무슨 재벌이 될 것도 아닌데 왜 그렇게 많이 일하느냐는 친구들의 걱정에도 내가 하고 싶은 일을 하니까 괜찮다고 웃었다. 집에서도 부모님 앞에서 항상 행복한 표정을 지었다. 회사에서도 성실한 직원으로 인정받아 자부심을 느꼈다. 사장은 종종 나를 보고 '헝그리 정신이 있어서 성실하다'고 말했다. '너는 번역이 아니면 다른 일은 못 할 인간이라서 힘들어도 끝까지 버틸 만한 직원이다'라는 속뜻이 숨어 있었다.

그렇게 나는 회사에 내 열정을 담보 잡히고 점차 쉬지 않는 번역 기계로 전락했다. 그러다 체력적으로 한계에 부딪치자 열정과 정신력만으로 버티기가 힘들어졌다. 하지만 내가 선택한 일이라 징징대는 모습을 보이기 싫어 친구들이나 부모님한테도 하소연하지 못하고, 퇴근하고 집에 들어가기 전에 놀이터 벤치에 앉아 혼자 펑펑 울기만 했다.

몸만 힘들었다면 좀 더 견디기 수월했으리라. 정신적으로도 힘든 일이 계속되면서 내 영혼은 말 그대로 피폐해졌다. 방송국에 번역물을 납품하고 나서 컴플레인이 들어오거나 TV로 방송이 되는 자막에서 오타가 발견되거나 하면 사장은 직원들에게 불같이 화를 냈다. 평소에는 직원들이 '우리 회사'에 애사심이 없다고 걱정하면서, 문제가 생기면 '너희 때문에 내 회사

이미지에 타격을 입었다'는 식으로 얘기했다. 나를 비롯해 직원들 모두 대학을 갓 졸업한 사회 초년생들이라 그럴 경우 어떻게 대처해야 하는지 전혀 몰랐다. 부당한 대우를 받아도 그저 묵묵히 온몸으로 다 받아 내기만 했다.

왜 나는 그런 비인간적인 회사에서 5년이란 시간을 버티고 또 버틴 것일까. 사장의 행동이 부당하다는 것을 알면서도 한 번도 문제 제기를 하지 못했고, 돌파구라든지 개선책을 생각해 보지 못했다. 그저 '나는 이렇게 평생 이 회사에서 썩어 문드러지겠구나'라고 체념했다. 사장에게 맞서 싸울 자신이 없었다면 그곳을 박차고 나왔어야 하는데 그럴 용기마저도 없었다. '번역가가 되겠다'는 꿈과 열정으로 비인간적인 대우를 견딜 만한 가치가 있었을까. 거기서 힘들어도 죽어라 버틴 덕분에 지금 내가 번역가로 자리 잡고 사는 거라고 위로를 해 주는 이들도 있지만, 그렇다고 과거에 내가 겪은 부당한 일들이 정당화되는 건 아니다.

지금 나는, 과거의 나에게 너무 많이 미안하다. 좀 더 찬란하고 희망찬 시간을 보낼 수 있었던 나의 20대 후반. 그 시기를 암흑 속에 방치했던 나 자신이 참으로 밉기도 하다. 버티고 버티다 결국 회사를 그만두고 나왔지만, 나는 그 이후로 오랫동안 후유증에 시달렸다. 회사에 들어가자마자 "날 언니처럼 편하게 대해. 우리 끝까지 함께 일해 보자."라며 반말을 하기 시작한 사장을 보며 따뜻하고 인간적인 사람이라고 생각했다가 호되게 데이고 나서 대인기피증까지 생겼다. 웃고 있는 사람들의 표정이 가식적으로 느껴지고 언제 악덕한 본색을 드러낼지 모른다며 의심부터 했다.

회사를 그만둘 때 사장 앞에서 "제가 능력이 부족한 것 같아서 그만두기로 했습니다."라고 내 탓으로 돌렸다. 그 후 몇 년 동안 다시 회사로 돌아가는 악몽을 꿨다. 꿈에서라도 사장에게 당당하게 내 의견을 말하면 좋으련만, 예전과 다름없이 사장 앞에서 주눅 들고 눈치만 보다가 잠에서 깨면 등에서 식은땀이 줄줄 흘렀다. "직원과 번역가를 기계 다루듯이 비인간적으로 취급하는 운영 방침이 마음에 들지 않아서 그만두겠습니다."라고 확실하게 얘기했다면 내 20대 청춘에게 덜 미안했을 것 같다. 오랫동안 악몽에 시달리지도 않았을 것이다.

내가 사표를 내겠다고 하자, 엄마는 다른 데 취직하기도 어려울 텐데 '정신력과 의지'로 좀 더 버텨 보라고 하셨다. 그러나 열정과 정신력은 내 삶을 더욱 풍요롭게 만드는 자양분으로 삼아야지, 고용주가 직원의 인권을 무시하고 자기 잇속만 챙기는 데 보탬이 되는 도구로 전락해서는 안 된다. 타인의 의지에 휘둘리는 비정상적인 노동자로 살 것인지, 내 삶과 일을 내가 통제할 수 있는 정상적인 노동자가 될 것인지, 선택해야 한다. '열정'만으로 번역을 시작했다가는 "초보인 당신에게 기회를 줄 테니 (터무니없이 낮은 번역료를 받아도) 감사하게 생각하세요."라는 유혹에 쉽게 넘어가게 된다. 아름답게 빛나야 할 '순수한 열정'이 자칫하면 자신의 영혼을 불태워 버리는 위험한 불씨가 된다. 그러니 번역가가 되고 싶다면, 가슴속에 뜨겁게 열정을 간직하되 머릿속으론 차갑게 현실을 인식해야 한다. 번역 시장 현황 및 번역료와 같은 실무 정보도 수집하는 한편, 탄탄한 실력을 무기로 삼아야 한다. 다른 직업 분야와 마찬가지로 번역 업계도 전쟁터라는 사실을 잊지 말기를.

나의 천직, 영상번역

좋아하는 일을 직업으로 삼지 말라고 얘기하는 사람들이 있다. 틀린 말은 아니다. 취미가 직업으로 바뀌는 순간, 지겹고 괴로워지기 마련이니까. 그렇다고 평생토록 싫어하는 일을 한다면, 그 삶은 행복할까? 그보다는 좋아하는 일을 직업으로 삼는 게 낫다. 나는 영상번역을 할 때 살아 있음을 느낀다.

하지만 한때는 번역이 죽을 만큼 싫었다. 매일같이 일에만 파묻혀 살다 보니 사생활은 진작에 포기했다. 친구들 만날 시간은커녕 가족과 얼굴 마주하고 얘기할 여유조차 없었다. 컴퓨터 모니터를 한 집에 사는 가족보다 더 많이 쳐다보며 살자니, 내가 번역가인지 번역 기계인지 구분이 가지 않았다. 거기다 낮은 번역료도 나를 서글프게 했다. 관련 업체조차도 영상번역을 우습게 생각했다. 버튼만 누르면 원하는 상품이 바로 나오는 자판기처럼 영상번역도 주문만 하면 '뚝딱' 하고 나온다고 생각하는 사람들이 많았다.

결국 나는 "다시는 영상번역을 하지 않겠다."라고 '키보드 절필' 선언을 했다. 그러고 1년 뒤, 다시 영상번역을 시작했다. (속도 없이…) 영상번역 금단 증세를 도저히 견딜 수가 없었다. 번역 업계에 발을 들인 뒤 20년이 다 되어 가도록, 나는 아직도 영상번역가로 살아가고 있다. 그동안 영상번역 업계 현실이 획기적으로 개선되기라도 한 거냐고? 그렇지 않다. 왜 굳이 영상번역을 하는지 나 자신도 궁금해져서 친한 영상번역가한테 물어봤다. "왜 영상번역을 직업으로 택했어?" 그 친구는 조금도 망설이지 않고 대답했다. "그야 재미있으니까! 배우는 것도 많고 자유롭잖아." 정말 명쾌한 대답이었다.

예전에는 "어쩌다 보니 번역을 시작했어요."라는 경험담을 심심치 않게 들었다. 하지만 이제는 영화나 미드를 즐겨 보다가 영상번역에 관심을 갖게 된 경우가 많다. 좋아하는 영화나 미드를 보면서 돈을 벌다니, 일석이조 아닌가. 거기다 지식과 감동이라는 보너스가 따라온다. 영상번역을 하다 보면 끊임없이 공부하고 배울 수 있다. 수사물, SF물, 로맨스, 과학 다큐멘터리 등 다양한 장르를 번역하다 보면 자연스럽게 관련 지식이 쌓인다. 컴퓨터 앞에 앉아서 세계 각국에서 일어나는 일을 간접 경험할 수도 있다. (번역이 끝나고 돌아서는 순간, 머릿속에 쌓인 지식이 증발해 버리는 게 함정.)

그리고 극중 인물들과 희로애락을 함께하면서 감동을 받는다. 드라마 몇 시즌을 내내 번역하다 보면 극중 인물에 애착이 생긴다. 주인공의 연애사에 내 마음이 주책없이 떨리기도 하고, 애착을 느끼던 캐릭터가 죽기라도 하면 슬픔에 빠져 그날은 번역을 접어야 한다. 번역한 드라마가 방영된 뒤, 시청자 게시판에 정말 재미있다는 감상평들이 올라오면 보람이 느껴진다. 번역할 때 느꼈던 재미와 감동을 다른 사람들과 공유한다는 건 특별한 기분이다. 공들여서 번역한 게 헛되지 않았구나 하는 안도감도 든다. 내 자식이 사람들한테 칭찬 받는 기분이라고나 할까?

영상번역가는 원작의 의미와 감동을 관객 및 시청자에게 제대로 전달해 주는 다리 역할을 해야 한다. 그래서 관객 및 시청자와 소통하는 일은 긴장되고도 두려운 일이다. 번역가가 오역한 문장을 멋진 구절이라고 암기하는 사람들을 생각해 보라. 한 문장도 허투루 번역할 수 없다. 고민 고민 끝에 번역한 문장이 명대사로 회자될 때는 짜릿함마저 느껴진다.

재미와 지식, 두 마리 토끼를 잡는 영상번역가. 무엇보다도 자유롭게 일할 수 있다는 것이 가장 큰 매력이다. 영상번역가가 되기 전, 출판번역가 안정효가 쓴 『번역의 테크닉』을 읽으며 번역가를 동경했다. 특히 도시를 벗어나 산으로 들로 나가서 번역하기도 한다는 내용은 내 마음을 단숨에 사로잡았다. '그래, 바로 이거야. 자유!' 영상번역도 컴퓨터만 있으면 어디서든 작업할 수 있다. 작업실에서 일하다가 답답해지면 노트북 하나 들고 카페를 찾아간다. 가끔은 친한 번역가들끼리 노트북을 들고 카페에서 접선(?)한다.

회사에 출퇴근할 필요 없으니, 어느 날 훌쩍 여행을 떠나는 자유도 만끽한다. 굳이 사람들이 몰리는 성수기 때 휴가를 떠날 필요도 없다. 어느 날은 갑자기 필이 꽂히면 물 좋고 산 좋은 곳을 찾아가 전망 좋은 펜션 창가에 앉아 노트북을 펴 들고 일한다. 혹자는 그런다. "놀러 가서까지 일해야 해? 왜 그렇게 살아?" 하지만 뒤집어 생각해 보면, 남들이 갑갑한 사무실에 갇혀 일할 때 영상번역가는 아름다운 경치를 보며 일을 하는 것이다.

때때로 폭우가 쏟아지거나 폭설이 내려서 다들 출근 전쟁을 치러도 영상번역가는 아무 걱정 없다. 거래처에서 마감을 재촉하는 전화가 오긴 하지만, 스트레스 팍팍 주는 악질 상사한테 시달릴 일도 없다. 영화나 미드를 보면서 돈도 벌고, 조직에 얽매이지 않고 자유롭게 살 수 있는 영상번역가. 나는 이 매력에 빠져 지금도 영상번역가로 살아간다.

영상번역가의 일

현재 활동하는 유명 극장 번역가는 다섯 손가락 안에 꼽히는데 이들은 주로 블록버스터만 번역한다. 배급사에서 유명 번역가한테만 계속 번역을 맡기기 때문에 굵직굵직한 대작들을 보면 눈에 익은 번역가 이름이 자막으로 뜬다. 한 번역가가 모든 영화 번역을 독식하는 거 아니냐고 생각하는 관객들도 있다. 실제로 따져 보면 그렇지 않다. 한 달에 네 편 정도 번역하면 많이 작업하는 편에 속한다. 다만, 많은 관객이 보는 블록버스터만 번역하기 때문에 더 자주 눈에 띄는 것이다.

그럼 블록버스터 외에, 소규모로 개봉하는 영화들을 번역하는 영상번역가들은 어떨까? 유명 번역가들은 번역할 작품이 꾸준히 들어오지만, 유명 번역가가 아닌 경우에는 번역 물량이 많지 않다. 1년에 10편 번역하기도 힘들다. 상황이 이렇다 보니, 극장 번역가로 데뷔한다고 해도 극장 번역만으로는 먹고살기가 힘들다.

그렇다면 영상번역가를 꿈꾸는 사람들은 어디로 가야 할까? 예전에는 영상번역가들이 활동할 수 있는 무대가 워낙 좁았다. 하지만 케이블 방송 시대가 열리고 미드 열풍이 부는 한편, 국제 영화제가 많이 생겨나면서 영상번역가의 활동 영역이 넓어졌다. 뿐만 아니라 IPTV가 생겨나고 '넷플릭스' 같은 해외 영상 플랫폼이 들어오면서 영상번역 수요가 더 늘어나고 있다.

1. 케이블 채널 번역

외화와 외국 드라마를 방영하는 케이블 채널은 굉장히 많지만, 비교적 시청자들한테 익숙할 법한 케이블 채널을 정리해 보면 다음과 같다.

외화 & 미드 전문 채널 OCN, 채널CGV, XTM, 캐치온, 온스타일,
　　　　　　　　　　슈퍼 액션, 폭스 채널, 폭스라이프, 스크린, 씨네프 등
다큐 전문 채널 내셔널지오그래픽 코리아, BBC, 디스커버리 등
어린이 & 만화 전문 채널 투니버스, JEI 재능 TV, 애니맥스, 디즈니 등

위 채널들로 방송되는 외화와 미드, 다큐멘터리 등을 번역하는 것이 영상번역가의 일이다.

케이블 채널 영상번역 시장에는 얼마나 많은 수요가 있을까? 미드 <위기의 주부들>을 예로 들어 보겠다. <위기의 주부들>은 지상파 채널인 KBS에서 먼저 방송된 뒤, 케이블 채널인 OCN에서 다시 방송됐다. KBS는 성우가 입을 맞춘 더빙판을 방송했다. OCN에서는 자막판을 방송했다. KBS 번역판과 OCN 번역판이 같을까? 그렇지 않다. 서로 다른 번역가가 번역을 했다. OCN에서 <위기의 주부들>이 방송한 후 한참이 지나고, 폭스 채널에서 2010년에 <위기의 주부들>을 다시 방송했다. 그렇다면 OCN 번역판과 폭스 채널 번역판은 같을까? 이번에도 대답은 NO다. 폭스 채널로 방송된 <위기의 주부들>은 또 다른 번역가가 처음부터 새로 번역을 했다. 이렇듯 같은 드라마라고 해도 방송되는 채널이 다르면 각기 다른 번역가가 맡아서 번역한다. 영화의 경우에도 마찬가지다.

같은 작품인데 왜 채널마다 다른 영상번역가한테 번역을 다시 맡기는 걸까? 이는 각 채널마다 따로 작품을 수입하기 때

문이다. OCN과 폭스 채널은 서로 다른 회사이므로, 각기 드라마를 수입하고 새롭게 번역을 하는 것이다. 바로 이 점이 영상번역가한테는 유리하게 작용한다. 그만큼 번역 수요가 늘어나기 때문이다.

극장에서 개봉한 영화 자막을 케이블 채널에서도 그대로 쓰는 거 아니냐고 묻는 사람들이 있다. 2016년 한국에서 개봉한 <설리: 허드슨강의 기적>을 예로 들어 보자. 극장 개봉작은 극장 번역가 윤혜진이 번역을 했지만 케이블 채널로 방송이 될 때는 케이블 번역가 A가 다시 번역을 해야 한다. 이 영화가 또 다른 케이블 채널에서 방송된다면? 다른 케이블 번역가 B가 새롭게 번역하게 된다.

상황이 이렇다 보니, 케이블에서 활동하는 영상번역가들은 할 일이 넘친다. 드라마의 경우, 한 시즌이 보통 20여 편으로 이루어져 있다. 드라마 한 시즌을 맡으면 한 달 내지 두 달 동안 일할 물량을 확보하는 셈이다. 번역 수요가 한정되어 있는 극장 번역 업계에 비해, 케이블 번역 업계는 수요가 많다.

2. 영화제 번역

부산, 부천, 전주 등 3대 국제 영화제를 비롯해, 국내에서 개최되는 국제 영화제는 수십 여 개에 이른다. 규모가 큰 편인 3대 국제 영화제는 해마다 영상번역가를 모집한다. 기존의 인력으로도 충분할 경우에는 따로 모집하지 않는다. 그 외에 크고 작은 국제 영화제들은 따로 번역가를 모집하기도 하지만,

인맥을 통해 번역가들을 소개 받아 일을 맡기기도 한다. 영화제가 시작하기 몇 개월 전부터 번역 작업을 시작한다. 영화제가 끝나면 자연스럽게 번역할 일이 없어진다. 영화제에서 활동하는 번역가들은 영화제가 끝나면 케이블 채널 같은 다른 분야에서 번역을 한다.

3. 넷플릭스 한국 상륙

미국의 인터넷 기반 TV 서비스인 넷플릭스가 2016년 한국에 상륙했다. 넷플릭스가 콘텐츠를 공개하기 전인 2015년부터 영상번역 수요가 폭발적으로 늘면서 국내의 수많은 영상번역가들이 번역에 투입됐다. 한국에서 정식 서비스가 시작된 후로 2015년에 비해서는 번역 수요가 급격히 줄었지만 넷플릭스가 한국에 안정적으로 정착하면 영상번역 수요는 꾸준히 발생할 것이다. 넷플릭스 서비스에 대한 이용자들의 평가가 갈리고 있는 가운데 넷플릭스가 한국에 안착할지는 좀 더 지켜봐야겠지만 그 전보다 영상번역 수요가 증가한 것은 분명하다.

4. DVD & 블루레이 번역

극장 개봉작을 DVD나 블루레이로 출시할 경우, 극장 자막을 감수만 거쳐서 그대로 쓰기도 하고, 새롭게 다시 번역하기도 한다. DVD는 본편뿐만 아니라 감독 코멘터리와 메이킹 필름, 인터뷰 등의 영상이 함께 수록되어 있다. 극장 자막을 그대로 갖다 쓴다고 해도, 나머지 부가 영상들은 다른 번역가가 번역한다.

5. 한영 번역

미드 열풍이 있다면 한류 열풍도 있다. 한국 드라마가 외국에 꾸준히 수출되면서 영어를 비롯한 다양한 외국어로 번역된다. 영한 번역보다는 번역료가 1.5배-2배 정도 높아서 한영 번역을 영한 번역과 병행하면 선택의 폭이 넓어진다.

6. 웹툰 번역

한국 웹툰이 해외에서도 큰 인기를 끌며 해외 진출이 활발해지면서 번역 수요가 새롭게 발생했다. 새로운 번역 분야라고 할 수 있는데, 말풍선 안에 번역 문장을 넣어야 한다는 면에서 글자 수 제한을 받는 영상번역과 특성이 비슷하다. 차이점이 있다면 영상번역은 의성어를 번역하지 않지만, 웹툰 번역은 의성어와 의태어도 번역해야 한다.

출판번역 VS 영상번역, 내게 맞는 분야는?

출판번역과 영상번역은 형식부터 작업 환경까지 여러 가지 차이점이 있다. 번역가를 꿈꾼다면 우선 각 번역 분야별 특성을 알아보고 어떤 분야가 적성에 맞는지 생각해 봐야 한다.

1. 번역 기간

(1) 출판번역

책 한 권을 번역하는 데 소요되는 시간은 1-3개월이다. 책의 난이도와 번역가의 상황에 따라 번역 기간이 달라진다. 난이도가 높고 분량이 많으면 6개월 이상씩 걸리는 경우도 있다.

(2) 영상번역

영상번역도 상황에 따라 번역 기간이 천차만별이다.

영화 영화는 대체로 일주일 내에 번역을 마쳐야 한다. 하지만 일주일에 한 편씩만 번역했다가는 한 달 수입이 턱없이 낮아진다. 그러므로 한 편당 3일 이내에 번역을 마치는 것이 좋다.

드라마 드라마는 대체로 한 시즌을 통째로 맡아서 번역해야 한다. 일정이 빡빡하게 잡힐 때가 많기 때문에 드라마 한 편을 하루 이틀 내에 끝내야 한다.

다큐멘터리 다큐멘터리는 전문적인 내용이 많아서 자료 조사하는 데 시간이 많이 소요된다. 드라마보다는 번역 시간이 좀 더 오래 걸린다. 그렇다고 다큐멘터리 한 편을 번역하는 데 4일 이상씩 붙잡고 있으면 안 된다.

3. 작업 과정

(1) 출판번역

출판번역가가 번역 원고를 출판사에 넘긴다고 바로 출간되지는 않는다. 출판사 내부에서 교정 교열 및 편집 과정을 거쳐야 한다. 그래서 번역서가 출간되기까지 꽤 시간이 걸린다. 빠르면 한 달 만에 출간되지만 늦으면 6개월 이상, 심지어 1년 이상 걸리기도 한다.

(2) 영상번역

영상번역가의 번역본 역시 감수 및 편집 과정을 거친다. 감수자가 오역이 있는지 검토하고 맞춤법에 어긋나는 문장은 수정하기도 한다. 그다음 영상 편집자가 자막을 영상에 삽입한다. 그리고 방송되기 직전에 방송국 측에서 최종 검토를 한다. 자막과 영상이 잘 어울리는지, 방송에 적합한 표현을 썼는지 살피는 것이다.

번역본을 넘긴 뒤 방송되기까지 시간은 2주일도 채 걸리지 않는다. 때로는 번역에서부터 방송까지 일주일도 안 걸린다. 더 극단적인 경우에는, 오늘 번역본을 넘겼는데 내일 방송되는 경우도 있다. 그야말로 생방송처럼 진행된다. 출판번역에 비해 모든 게 실시간으로 이뤄진다.

이렇게 비교해 봤을 때, 출판번역은 몇 개월에 한 번씩 마감일이 돌아오지만, 영상번역은 이틀에 한 번씩 마감일이 돌아오는 셈이다. 그래서 영상번역가는 마감일에 대한 압박감이 심하다. 며칠에 한 번씩 누군가한테 쫓기는 악몽을 꿀 수도 있다.

2. 자료 조사

(1) 출판번역

출판번역가들은 번역을 시작하기 전, 관련 자료들을 먼저 찾아본다. 배경 지식이 있어야 좀 더 정확하고 수월하게 번역할 수 있기 때문이다. 인터넷 검색은 기본이고, 관련 서적들도 여러 권 찾아서 읽어 본다.

(2) 영상번역

영상번역가들도 번역을 시작하기 전, 관련 자료들을 찾아본다. 하지만 출판번역과 달리 마감이 며칠에 한 번씩 놀아오기 때문에 관련 서적을 찾아서 읽을 만한 여유가 없다. 번역하는 틈틈이 모르는 내용이 나오면 인터넷 검색을 하며 해결해야 한다. 출판번역가든 영상번역가든 평소에 꾸준히 다방면으로 지식을 쌓아야 한다.

4. 번역 실명제

(1) 출판번역

모든 번역서에는 번역가의 프로필과 이름이 들어간다. 누가 번역을 했는지 밝혀 주는 것이다. 자신의 이름을 걸고 번역한다는 사실은, 출판번역가들에게 책임감과 함께 자부심을 심어 준다.

(2) 영상번역

극장과 영화제 상영작은 번역가 이름이 자막으로 뜬다. 하지만 케이블 채널에서는 번역가 이름을 밝히는 경우가 드물다. 영상번역가들은 대부분 익명에 가려져 있다.

5. 계약서 작성

(1) 출판번역

출판번역은 번역을 시작하기 전에 반드시 계약서를 작성한다. 계약서에는 번역 마감일과 번역료 및 번역료 지급일에 대해서 명확하게 기재돼 있다.

(2) 영상번역

영상번역은 계약서를 작성하는 경우가 거의 없다. 영화제에서는 일을 시작하기 전 계약서를 작성한다. 하지만 케이블 채널에서 활동하는 번역가들은 계약서를 작성하지 않는다. 번역 마감일과 번역료 및 번역료 지급일 등을 전부 구두로 약속한다. 계약서를 작성하지 않기 때문에, 일을 시작하기 전에 번역료와 번역료 지급일을 명확하게 확인해야 한다. 대화 내용을 잘못 이해하면 나중에 분쟁이 생길 수도 있다. 대부분 전화로 번역 일을 의뢰하지만, 가능하면 메일을 주고받는 게 좋다. 나중에 서로 말이 달라서 문제가 생기면 메일을 증거 자료로 사용할 수 있다. 계약서 작성을 요구하는 곳도 있지만, 계약서를 살펴보면 번역가한테 불리한 내용이 많다. 반드시 내용을 꼼꼼히 확인하자.

6. 번역료 지급 방법

(1) 출판번역

번역 의뢰를 받은 후, 진행하기로 확정이 되면 계약서를 작성한다. 상황에 따라 계약금을 지급하기도 한다. 번역 원고 지급일은 크게 두 가지 중 하나다. 번역 원고를 출판사에 넘긴 직후에 번역료를 지급하거나, 책이 출간된 후에 지급한다. 책이 출간되기까지 짧게는 몇 개월, 길게는 1년 이상 걸리며, 때로는 출간이 되지 않는 경우도 있다. 그러므로 출간된 후에 번역료를 받는 조건은 번역가에게 불리하다. 계약서를 작성할 때 번역료 지급일을 잘 확인하고 협의를 해야 한다.

(2) 영상번역

영상번역은 한 달 동안 일한 작품 수를 기준으로 번역료를 받는다. 한 달 동안 드라마 열 편을 번역했다면, 열 편을 모두 합산한 번역료를 정해진 날짜에 한꺼번에 받는다. 번역료 지급일은 작업한 달의 다음 달 말일이다. 예를 들어, 1월에 얼 편을 번역했다면 그 번역료는 2월 말일에 지급된다. 업체에 따라 번역료 지급일이 다르므로, 일을 시작하기 전 반드시 확인해야 한다.

업체에서 번역료 지급일을 정확히 지키지 않는 경우가 있다. 한두 번 정도는 회사 내부 사정으로 번역료 지급일이 미뤄질 수도 있다. 하지만 상습적으로 번역료 지급일을 지키지 않으면 거래를 끊는 것이 좋다. 영상번역 업계에서는 계약서를 작성하지 않기 때문에 업체와 번역가가 서로 신뢰를 형성하는 게 중요하다. 번역 마감일을 지키는 것이 번역가의 의무인 것처럼 번역료 지급일을 준수하는 것은 업체의 의무다.

7. 출판번역과 영상번역을 병행할 수 있나?

'출판번역이든 영상번역이든 다 같은 번역 아닌가? 외국어와 한국어 실력만 뛰어나면 두 가지를 병행해도 되지 않을까?'

이렇게 생각하는 사람도 있을 것이다. 실제로 출판번역과 영상번역을 병행하는 번역가들도 있다. 하지만 출판번역과 영상번역은 번역 기법이 다르기 때문에 따로 공부를 해야 한다.

실력이 뛰어난 출판번역가가 있다고 치자. 영상번역을 맡기면 바로 일을 시작할 수 있을까? 아니다. 영상번역 기법을 따로 배워야 한다. 두 줄짜리 자막 안에 어떻게 대사를 압축해서 넣을지 연습해야 한다. 영상번역 프로그램 사용법도 익혀야 한다.

반대로 실력이 뛰어난 영상번역가가 있다고 치자. 바로 출판번역을 시작할 수 있을까? 역시 따로 출판번역을 공부해야 한다. 영상번역가는 말을 압축하는 데 익숙해져 있지만 출판번역은 문장 부호 하나 마음대로 생략하면 안 된다.

하지만 외국어와 한국어 실력만 탄탄하다면 노력 여하에 따라 두 가지를 충분히 병행할 수 있다. 다만, 두 가지를 병행한다는 것이 생각만큼 쉽지는 않다. 실제로 두 가지를 병행하다 보니 집중력이 흩어진다고 하소연하는 번역가도 있다. 출판번역이든 영상번역이든 어느 한 가지 분야에서 실력을 확실하게 쌓은 다음, 다른 분야에 도전하는 것이 좋다.

영상번역은 평생 직업?

처음에는 '영상번역=평생 직업'이라고 생각했다. 작업하는 장소나 출퇴근 시간에 구애받지 않는 프리랜서인 만큼, 결혼하고 아이를 낳은 후에도 일하는 데 큰 문제가 없을 테니까.

일반 직장의 정년을 60세로 가정했을 때(실제로는 더 짧은 경우가 많지만), 영상번역가로 60세까지 일할 수 있을까? 그 질문을 나 자신에게 던졌을 때 쉽게 '그렇다'고 답할 수 없었다. 외국 영화와 미드를 자막으로 보는 관객과 시청자들은 주로 젊은층이기 때문에 번역할 때 신조어나 유행어도 적절하게 찾아 써야 한다. 케이블 채널에서는 원칙적으로 신조어나 유행어를 사용하면 안 되지만, 시청자 연령을 고려했을 때 간혹 통신 용어나 유행어를 사용한다. 한때는 '얼짱', '몸짱'이란 표현이 자막에 많이 등장했다. 드문 경우지만, 인터넷 용어 '~하삼'체도 자막에 쓰였다. 재미를 더하고 분위기를 살리기 위해 당시에 유행하는 표현을 적절히 사용하는 것도 번역가의 능력이다. 특히나 극장 번역으로 넘어가면 유행어를 사용하는 현상은 두드러진다.

과연 나는 60대가 되어서도 젊은 세대들이 사용하는 언어를 잘 이해하고 적절히 활용할 수 있을까? 시청자들이 내가 번역한 자막을 보고 공감할까? 전에 지인과 함께 영화를 보고 나오는데, 그 지인이 이런 말을 했다.

"누가 번역했는지 몰라도 자막이 좀 어색하네. 나이 든 사람이 어설프게 젊은 사람들 말 흉내 내다가 더 썰렁하게 만들었다고나 할까."

그 순간 번개를 맞은 듯 온몸이 찌릿했다. 언젠가는 나도 들을 수 있는 말이기 때문이다. 번역할 의지와 열정이 남아 있다 해도, 시대에 뒤처지는 표현을 쓴다면 자연스럽게 도태되고 말 것이다. 그렇다고 가만히 앉아서 도태되길 기다릴 수만은 없다. 어떻게 해야 영상번역가로 평생 먹고살 수 있을까?

첫째, 이 질문에 대한 답을 제시해 주는 좋은 예를 소개하겠다. 『그때 번역이 내게로 왔다』의 저자이기도 한 영상번역가 박찬순은 방송국에서 <맥가이버>와 <미세스 다웃파이어> 등 천여 편의 외화를 번역했다. 박찬순은 1946년생이다. 30년 동안 영상번역가로 활동했다. 박찬순은 60대에도 영화제 번역을 하는 등 왕성한 활동을 이어 왔다. 2006년에는 신춘문예에 당선되었고, 2009년에는 『발해풍의 정원』이라는 소설집을 출간해 소설가로 변신했다. (『발해풍의 정원』에서 저자는 자신의 경험을 충분히 살려 영상번역가에 대한 이야기를 담았다. 각종 전문직이 영화나 드라마, 소설의 소재가 될 때 영상번역가는 그럴 수 없을까라는 상상을 하던 차에, 박찬순의 소설집을 보고 참으로 반가웠다.) 박찬순 번역가에게 대학에서 강의를 들었던 지인의 말을 빌리자면, 박찬순은 항상 에너지가 넘치고 젊은 감각을 유지한다고 한다. 영상번역가는 나이로 말하지 않는다. 실력으로 말한다. 언제 어디서나 눈과 귀를 활짝 열고 언어에 관심을 가져야 한다. 말은 끊임없이 변화한다. 유행어는 어느 날 갑자기 생겨났다 사라진다. 영상번역가라면 언어와 관련된 모든 것에 주의를 기울여야 한다. 시시각각 변하는 인터넷 용어를 공부하는 건 기본이다. 뉴스며 드라마며 개그 프로 등 장르를 가리지 말고 두루두루 봐야 한다.

밖으로 나가서 실제로 살아 움직이는 사람들의 말에 귀를 기울여야 한다. 번역은 혼자 하는 일이라고 생각해서 집안에 박혀 컴퓨터 자판만 두드리는 경우가 있는데, 잘못된 생각이다. 다양한 사람들을 만나서 부딪치며 얘기를 나눠야 힌디. 프리랜서한테는 시간이 돈이지만, 사람들 만나는 걸 시간 낭비, 돈 낭비라고 생각해선 안 된다.

둘째, 영상번역을 평생 직업으로 삼고 싶다면 틈틈이 건강관리를 해야 한다. 주말에 실컷 놀다 와서 그런 말을 하는 경우가 있다. "아, 피곤해. 노는 것도 체력이 달려서 못 하겠네." 노는 것도 체력이 필요한데 일하는 건 더 말해 뭐 할까. 가만히 책상에 앉아 일하는 건데 체력이 뭐 필요하냐고? 번역은 정신노동이자 육체노동이다. 평소에 건강관리를 하지 않으면, 나중에 일을 더 하고 싶어도 못 하는 순간이 온다. 어느 번역가는 헬스장에 가서 체력 측정을 했는데 트레이너가 그랬단다. "두뇌 운동만 하셨군요."

내 경우만 해도, 20대 후반에 번역을 시작하고 30대에 들어서기까지 매일같이 책상 앞에 앉아 손가락 운동만 했다. 그러다 어느 날부터인가 조금만 앉아 있어도 다리가 퉁퉁 붓고 허리며 어깨가 뻐근해 왔다. 참다 참다 못해 정형외과를 찾았다.

"선생님, 요즘에는 다리가 쉽게 퉁퉁 부어요. 책상에 30분 이상을 못 앉아 있겠어요. 허리도 너무 아프고요."

엑스레이 사진을 들여다보던 의사 선생님이 빙그레 웃으며 한마디 하셨다.

"운동 부족이에요. 가만히 책상에만 앉아 있으니 당연히 다리가 붓죠. 디스크가 있거나 한 건 아닙니다. 한 시간마다 한 번씩 스트레칭 하고, 운동을 꾸준히 하세요."
"그게 다인가요?(차라리 뭔가 큰 병이 있으면 치료라도 하지라는 심정으로)"
"네, 정 못 견디겠다 싶으면 근육 풀어 주는 약을 처방해 줄 수 있지만요. 굳이 안 먹어도 되고요. 물리치료나 받고 가세요."

물리치료실에 가니, 어르신들이 많았다. 대기실에 앉아 있는데 할머니 한 분이 내 옆에 앉으셨다. 당시 30대 초반이던 나를 한번 훑어보시고는 말을 건네셨다.

"물리치료 받으러 왔어? (젊은 사람이 어쩌다가…. 쯧쯧.)"

영상번역을 평생 직업으로 삼고 싶다면 방법은 간단하다. 실력과 건강만 갖추면 된다. 의외로 너무 쉽다고? 맞다! 별로 어렵지 않다. 하지만 실력을 쌓고 건강을 관리한다는 게 또 말처럼 쉽지가 않다. 먼저 고생해 본 선배로서 감히 충고하건대 꾸준히 실력을 쌓는 한편, 반드시 건강관리를 하길 바란다.

영상번역가의 자존감

영상번역을 한다고 하면 사람들이 쉽게 이해하지 못한다.

"아, 극장에서 개봉하는 영화 번역해요?"
"아뇨, 케이블 채널에서 방송하는 미드나 영화, 다큐를 주로 번역해요."

이 대답을 할 때마다 누가 뭐라고 하는 것도 아닌데 혼자 내심 불편해진다. 극장에서 개봉하는 영화든 TV에서 방송하는 미드든 영상물을 번역하는 일을 하면 다 같은 영상번역가다. 그런데 간혹 극장 개봉작을 번역하면 A급 번역가, 미드를 번역하면 B급 번역가라고 생각하는 이들이 있다. "능력이 부족하니 미드나 번역하고 있는 거겠지."라고 단정 짓는 거다.

극장 번역 시장은 워낙 폐쇄적이고 보수적이라 인맥이 강하게 작용하고, TV 쪽보다 번역 수요 자체가 적기 때문에 진입하기가 힘들다. 번역 능력이 뛰어나다고 해서 쉽게 뚫고 들어갈 수가 없다. 극장 개봉작 번역료는 TV에서 방송하는 영화 번역료에 비해 적게는 3배, 많게는 10배 이상 높다. 시장 규모가 다르기 때문에 이런 차이가 생긴다. 수천만 원에서 수억 원에 이르는 영화를 수입해서 억대의 마케팅 비용을 쓰는 극장 개봉작은 번역료가 높게 책정된다. 번역료를 낮게 받는다는 이유로, 미드 번역가를 보고 '실력이 없으니 그런 거겠지'라고 쉽게 판단해서는 안 된다. 복잡한 업계 사정을 일일이 다 설명할 수 없어서, 번역과 관련된 질문을 받을 때마다 남몰래 자괴감에 빠진다.

언젠가는 극장 개봉작을 번역하는 동료가 네티즌들에게 오역 비난을 받아서, 내가 대신 나서서 업계 사정을 설명했다. 몇몇 네티즌들하고는 덧글로 의견을 주고받았다. 그러고 얼마 후, 익명으로 운영되는 커뮤니티에서 내 이름을 거론하며 비난하는 글을 봤다. 영상번역가라고 해 봤자 극장 개봉작은 거의 하지도 않고 미드 같은 거 번역하는 애가 잘난 척 나선다는 식의 내용이었다.

10년 님세 난 하루도 게으름 부리지 않고 열심히 일해서 번역가로 간신히 살아남았고, 그 경험을 바탕으로 책도 쓰고 강의를 하다가 번역 아카데미도 시작했다. 내가 가르친 후배들이 업계에 진입할 수 있는 발판을 마련하고자 번역 회사도 차렸고, 글 쓰는 번역가를 양성하려고 출판사도 운영한다.

프리랜서로 살면서 당장 내일도 예측할 수 없는 불안한 날들을 보내며 10년이 넘도록 오르지 않는 번역료 때문에 슬럼프에 빠지기도 했지만 어떻게든 내가 좋아하는 번역을 지속하고자 돌파구를 찾으려고 애썼다. 남들이 구구절절 내 사정을 다 알아야 하는 건 아니지만 단편적인 정보만 가지고 타인의 노동 가치를 폄하하는 사람들을 보면 허탈해진다.

남들이 뭐라고 생각하든 나 자신만 떳떳하고 자부심을 가지면 그만일 텐데 타인의 시선에 나도 모르게 주눅이 들 때면 내가 바라는 게 무엇인지 고민하게 된다. 콤플렉스인 걸까. 내가 이만큼 열심히 살았다는 걸 인정받고 싶은 걸까.

20년이 다 돼 가도록 오로지 '번역'만 했더니 '전문가'라는 타이틀을 보상처럼 받았다. 하지만 어느새 번역이 나의 정체성이 돼 버려서 번역으로 인정받지 못하면 내 존재 자체를 부정당한다고 생각하게 된 건 아닌지…. 조심스럽게 생각해 본다.

번역가를 꿈꾸는 후배가 내 앞에 있다면 말해 주고 싶다. 번역에 올인하되, 인생의 전부라고는 생각하지 말기를. 번역가가 되지 못해도 그건 실패가 아니라고. 직업은 삶의 수단으로 삼아야지, 삶의 목적이 되어서는 안 된다.

제2 외국어 영상번역가 생존기

한번은 스웨덴 영화 번역을 맡았다. 대체로 제2 외국어 영화는 영어 대본을 보고 번역한다. 덕분에 프랑스 영화와 독일 영화를 비롯해, 심지어 태국 영화도 번역해 봤다. 이런 경우,

영어 문장이 비교적 쉽다. 대신 원작의 분위기를 고스란히 살려 주기가 어렵다. 중국어의 경우도 중국어 대본과 함께 영어 대본이 들어올 때가 많다. 중국어 대본과 영어 대본을 대조해 보면 영어 대본이 허술하기 일쑤다.

어쨌든 그 스웨덴 영화는 번역을 하려고 보니 영어 대본이 엉망이었다. 도저히 번역을 할 수 없을 정도였다. 중간 중간에 빠진 대사가 많았고, 그나마 있는 대사도 화면과 전혀 맞지 않았다. 거래처에 상황을 얘기했는데 결국 그 영화는 방송이 취소됐다. 당장 스웨덴어 번역가를 구하기가 불가능했기 때문이다.

영어가 아닌 제2 외국어 영화가 시청자들한테 미처 소개되지도 못하고 그렇게 묻혀 버린다고 생각하니 안타까웠다. 세상에는 분명 영어 말고도 수많은 언어들이 존재하는데 영어가 아닌 다른 언어들은 제대로 힘을 쓰지 못한다.

나는 중문과에 입학한 뒤로, 중국어만 배워서는 안 된다는 얘기를 질리도록 들었다. 중국어 번역을 하겠다고 번역 회사에 들어갔지만 막상 중국어 번역 물량은 거의 없고 영어 작품만 쏟아져 들어왔다. 결국 자의 반 타의 반으로 영어 번역까지 하게 됐다.

프리랜서로 독립하면서 중국어 번역을 본격적으로 해 보고 싶었지만 중국어 번역 물량이 너무 적었다. 장르도 무협 시리즈에만 치중되어 있고 다양하지 못했다. 중국어만 번역해서는 먹고살기가 힘들었다. 프리랜서로 독립한 뒤로 현재까지 중국어와 영어 번역을 병행하고 있지만 중국어보다 영어 번역 물량이 절대적으로 많다.

이러한 상황은 극장가도 마찬가지다. 영어권 영화에 비하면 다른 언어권 영화는 수입 물량이 매우 적다. 중국과 일본, 프랑스 영화들이 수입되지만 대부분 영어 번역가가 영어 대본을 보고 번역을 한다. 그래서 제2 외국어 영상번역가들은 꾸준히 일감을 확보하기가 힘들다.

예전에 한 영상번역가 지망생한테 메일을 받았다. 중국어 영상번역가가 되고 싶다는 내용이었다. 내가 중문학을 전공했다는 걸 다른 사람한테 듣고 메일을 보냈던 것이다. 그 메일을 받고 뭐라고 답을 해 줘야 할지 한참을 고민했다.

중국어 번역만 해서는 먹고살기 힘드니까 다른 일을 찾아보라고 냉정하게 말해야 할까? 아니면 현실이 어떻든 꿈을 잃지 말고 끝까지 노력해 보라고 격려를 해 줘야 할까? 두 가지 생각 사이에서 고민한 끝에, 다음과 같이 조언을 해 줬다. 진심으로 영상번역가가 되고 싶다면 영어도 함께 공부하라고.

물론 잘 안다. 한 가지 언어만 잘하기도 힘든데 두 가지 언어를 공부한다는 것이 말처럼 쉽지 않다는 것을. 두 마리 토끼를 잡으려다 둘 다 놓칠 수도 있다. 하지만 요즘은 멀티 플레이어가 환영 받는 시대다. 한 우물만 파기보다는 두 우물을 파는 것이 훨씬 유리하다. 두 가지 언어를 잘하면 더 많은 기회가 찾아오고 선택권도 넓어진다. 실제로 내 주변에는 불어와 영어, 일본어와 불어, 중국어와 영어, 독어와 영어를 병행하는 영상번역가들이 있다. 대신, 두 가지 언어를 병행하려면 남들보다 더욱 노력해야 한다. 둘 다 실력이 어설프면 정말로 두 마리 토끼를 다 놓칠 수 있다.

번역에는 영상번역만 있는 게 아니다. 기술번역, 출판번역을 병행하는 것도 한 방법이다. 혹은 통역을 병행할 수도 있다. 번역 분야를 가리지 않고 일하는 전천후 번역가들도 많다. 하지만 각 분야마다 특성이 다르기 때문에 따로 공부를 하고 준비해야 한다. 영상번역 기법을 익혔다고 바로 출판번역을 할 수 있는 게 아니고, 출판번역을 잘한다고 바로 영상번역을 할 수 있는 것이 아니다. 기술번역이나 통역도 마찬가지다. 각 분야에서 요구하는 자질이 다르므로 거기에 맞춰 공부를 해야 한다. 그래도 기본적으로 외국어 실력이 뛰어나다면 어떤 분야든 유연하게 대처할 수 있다.

하나만 하기도 벅찬데 이것저것 병행해야 하다니 머리가 복잡해질 것이다. 하지만 번역 시장은 냉혹하다. 철저하게 수요와 공급의 법칙을 따른다. 아무리 실력이 뛰어난 번역가라 해도 번역 물량이 없으면 일을 하고 싶어도 할 수 없다.
일본어 영상번역가나 중국어 영상번역가를 만나서 얘기하다 보면, 영어보다 번역 물량이 적다는 것을 쉽게 알 수 있다. 일본어 영상번역가 A는 일본어만 번역하다가 물량이 적어서 일감이 끊기는 경우가 많아지자 영어를 공부해서 영어 번역도 병행하기 시작했다. 중국어 영상번역가 B는 중국어만 번역하다가 역시 일감이 끊기는 일이 많아지자 문서 번역을 병행해야 하나 고민했다.

제2 외국어 영상번역가로 살아남으려면 좀 더 각오를 다시고 두 배로 노력해야 한다. 나 역시 중국어와 영어를 병행하기까지 오랜 시간이 걸렸다. 지금도 부족한 점을 채우기 위해 부지런히 공부하고 있다.

프리랜서의 재산, 동료

5년간 번역 회사를 다니다가 그만두기로 결심했다. 주말, 연휴도 없이 일에만 묻혀 살다 보니 친구들과의 관계도 소원해지고, 집에서도 잔뜩 찌푸린 얼굴로 지냈다. 신경이 예민해져서 툭하면 가족에게 짜증을 내기 일쑤였다. 시한폭탄처럼 누가 건들면 금방이라도 터질 것 같은 상태였다고나 할까. 이대로 계속 회사를 다니다가는 말 그대로 숨 막혀 죽을 것만 같았다. 내가 회사를 계속 다닐 경우의 장단점과 그만둘 경우의 장단점을 목록으로 만들어 비교해 봤다. 한 달마다 꼬박꼬박 나오는 월급 빼고는, 회사를 계속 다닐 만한 이유가 떠오르지 않았다. 회사를 그만둔다고 뾰족한 수가 생기는 건 아니었지만, 우선은 내가 숨 쉬고 사는 게 급선무였다.

회사를 그만두고 잠깐 동안은 세상이 온통 눈부신 햇살로 가득 차 보였고, 마음껏 숨을 쉬고 살 수 있겠다 싶었다. 하지만 조금 지나자 이 세상에 혼자 내동댕이쳐진 느낌이 들었다. 막막하고, 불안하고, 외로웠다. 프리랜서로 번역을 하고 싶었지만 알고 지내는 동료나 선배도 없으니, 어디 가서 정보를 얻어야 할지 몰랐다. 정신적으로 의지할 사람이 없다는 것도 날 더욱 힘들게 했다.

이후에 온라인에서 번역가들 커뮤니티를 찾아서 가입하고 오프라인 모임에도 나갔다. 번역가들을 직접 만나 교류를 하며 신뢰를 쌓아 가다 보니, 온라인에서 얻을 수 없는 진짜 정보들도 얻을 수 있었다. 더불어 동료가 생겼다는 게 가장 큰 소득이었다. 같은 일을 하는 만큼 무슨 얘기를 해도 금방 이해해 주고 다들 자기 일처럼 공감해 줬다. 프리랜서로 독립한 후 그 시간을 잘 견디고 10년을 더 버틸 수 있었던 건, 그 동료들의 힘이 크다. 프리랜서라고 하면 모든 일을 혼자 해결해야 한다고 생각하기 쉽지만, 프리랜서이기 때문에 더욱 함께할 동료가 필요하다.

번역의 희로애락도 함께 나누고, 좋은 업체가 있으면 서로 소개해 주기도 했다. '내가 밀리면 어쩌지?'라는 걱정은 한 번도 하지 않았다. 혹시라도 일이 끊긴다면 내 실력이 부족한 탓이지, 다른 번역가 때문은 아닐 거라 생각했다. 번역을 하려는 사람들은 많지만, 정작 실력 좋은 번역가를 찾으려면 힘들다.

업체 관계자한테서 번역가를 소개해 달라는 부탁을 받으면, 동료 번역가 중 책임감 있고 실력이 좋은 이를 연결해 줬다. 그런 일이 잦아지자 너도 나도 번역가를 찾을 때 내게 먼저 연락을 했다.

내 밥그릇을 빼앗기지 않을까 불안해하며 내가 알고 있는 정보를 꽁꽁 숨겨 뒀다면 오히려 나 혼자 고립되고 말았을지 모른다. 좋은 번역가들과 꾸준히 교류하며 정보를 공유할수록 나에게 큰 도움이 됐다. 온라인 커뮤니티에서 남들이 공개하는 정보만 쏙쏙 골라 가고 자기가 갖고 있는 정보를 공개하지 않는 이들이 있다. 정보는 주고받아야 한다. 내가 갖고 있는 정보를 공개해야 그게 잘못된 정보가 아닌지 점검할 수 있다.

때로는 업체에서 나에게 번역팀을 꾸려 달라고 요청했다. 팀을 짜서 번역가끼리 번역 일정을 짜고 일을 분배하고 번역과 감수까지 하는 시스템을 구축했다. 이 경험은 훗날 번역 회사를 차릴 때 발판이 되어 주었다. 믿을 만한 동료가 없었다면 애당초 팀을 꾸리지 못했을 테고, 영역을 확장할 수 있는 기회를 놓쳤을 것이다.

IPTV가 생겨나고 넷플릭스와 같은 동영상 플랫폼이 늘어나면서 미드를 단시간 내에 대량으로 번역하는 일이 많아지고 있다. 그러면서 자연스럽게 공동 번역이 늘어났다. 마음이 맞는 동료들과 팀을 만들어 함께 활동하는 것도 좋다. 다른 번역가를 경쟁자로 보지 않고 동료로 생각하면, 번역가로서 활동 영역이 더욱 넓어진다.

그렇다면 어디서 어떻게 영상번역가들을 만나서 교류를 해야 할까? 가장 쉬운 방법은 온라인 번역 카페에 가입하기다. 온라인 번역 카페에 가입하면 선배 번역가들한테 조언도 구할 수 있고, 같은 지망생들끼리 격려해 주며 힘을 얻을 수 있다. 또한 번역 회사에 대한 정보도 얻을 수 있고, 종종 구인 공고 글도 확인할 수 있다. 하지만 온라인 카페에 가입한 뒤, 정보 수집과 인맥 쌓기에만 몰두해서는 안 된다. 실력 쌓기에도 집중해야 한다. 아무리 친한 사람이라도 실력이 없는 사람은 절대 거래처에 소개해 주지 않는다.

온라인 번역 카페 중 몇 개를 소개하겠다.

1. 더라인 번역 오픈케어 (http://cafe.naver.com/thelineopencare)

2013년부터 내가 운영하고 있는 온라인 카페다. 영상번역 시장 정보, 영상번역 기법 등 영상번역 관련 정보들도 얻을 수 있으며, 영상번역가 지망생 및 영상번역가들과 교류할 수 있다. 번역 공부에 도움이 될 만한 온라인 스터디 방도 만들어 두었다. 한 달 동안 매일 조금씩 공부를 하며 습관을 들이는 '번역 근육 키우기'부터 원서 필사 및 읽기, 미드 공부 등 외국어 기본기를 다지는 스터디 방, 맞춤법과 글쓰기 실력을 다지는 스터디 방까지 다양한 주제로 운영되고 있다. 100일 동안 매일 번역 공부를 하고 인증샷을 올리는 '100일 번역마늘 프로젝트'도 시즌별로 이어진다.

2. 번역사랑 (http://cafe.daum.net/translation)

영상번역 게시판이 따로 마련돼 있다. 구인 정보가 자주 올라오므로, 영상번역 관련 업체에 대한 정보를 알아볼 때 유용하다.

3. 번역하는 사람들 (http://cafe.daum.net/livingbytrans)

출판번역, 기술번역, 영상번역에 관한 정보가 많다. 현직 번역가들이 많이 활동하고 있어서 조언을 얻을 수 있다.

4. 두 줄의 승부사 (http://cafe.daum.net/subtitlers)

현직 영상번역가들만 가입할 수 있다. 지망생은 가입할 수 없다. 정기적인 오프라인 모임을 통해 동료 영상번역가들과 활발하게 교류할 수 있다.

5. 주간번역가 (http://cafe.naver.com/transweekly)

『나도 번역 한번 해볼까?』의 저자인 출판번역가 김우열이 개설한 온라인 번역 스터디 카페다. 번역가 지망생들끼리 함께 스터디를 할 수 있는 공간이 마련돼 있다.

이 외에 블로그나 SNS를 하는 영상번역가들을 찾아보자. 번역의 '번'자만 봐도 온몸의 안테나를 바짝 세우고 유심히 봐야 한다. 정보력이 강한 사람이, 좋은 기회를 먼저 잡을 수 있다.

혼자 공부하기가 막막하다면 영상번역 아카데미의 도움을 받는 것도 한 방법이다. 영상번역 아카데미 과정을 수료한다고 해서 모두 바로 영상번역가로 데뷔할 수 있는 건 아니다. 그래도 영상번역의 기본을 배우는 동시에, 유용한 업계 정보를 얻을 수 있어서 도움이 된다.

영상번역가가 되려면 통번역 대학원을 가는 게 좋냐고 묻는 사람들이 있다. 순전히 영상번역가가 되기 위해서라면 대학원에 가는 걸 추천하지 않는다. 영상번역만을 중점적으로 가르치는 대학원이 없을 뿐더러, 영상번역 과정이 있다고 해도 비중이 적다. 값비싼 대학원 등록비를 따져 보면 매우 비효율적이다. 통번역 대학원 출신이 영상번역을 하는 경우가 있기는 하다. 하지만 애당초 영상번역을 하겠다고 통번역 대학원을 들어가는 건 다시 생각해 보는 게 좋다.

쉬 어 가 기　영상번역가 사용 경고문

WARNING

1. 불규칙한 생활로 자칫 폐인이 되기 쉽습니다.
2. 출퇴근을 하지 않고 집에서 일하기 때문에 남들한테 백수로 보일 수 있습니다.
3. 자주 밤을 새우다 보면 다크서클이 무릎까지 내려옵니다.
4. 일에 치여서 주말도 반납하고 일하느라 '철장 없는 새장'에 갇힌 생활을 할 수도 있습니다.

이렇게 건강에 해로운 영상번역. 일단 시작하면 끊기가 매우 어렵습니다. 철저한 자기관리와 절제된 생활, 충분한 휴식이 요구됩니다.

2부

**영상번역,
꿈과 현실 사이**

직역이냐, 의역이냐

'직역이냐, 의역이냐. 그것이 문제로다.' 번역가라면 누구나 직역과 의역 사이에서 고민한다. 출판번역가 겸 소설가인 안정효는 『번역의 테크닉』에서 이렇게 말했다.

"번역에서 의역과 직역을 따진다는 것은 전혀 무의미하다는 것이 오래전부터 내가 가져 온 생각이다. 번역을 구태여 구분하자면 '좋은 번역'과 '나쁜 번역'이 있을 따름이다."

의역이냐 직역이냐가 중요한 것이 아니다. 원문의 내용을 얼마나 정확하고 효과적으로 전달했느냐가 중요하다. 많은 이들이 직역을 해야 원문을 충실히 옮길 수 있다고 주장한다. 이런 사람들은 내용뿐만 아니라 형식까지 고스란히 옮겨야 한다고 생각한다. 또한 원문에 나와 있는 표현을 그대로 옮겨야 한다고 믿는다. 하지만 '원문을 그대로' 옮기라고 강요할 수는 없다. 출판번역가 이종인은 『번역은 글쓰기다』에서 직역에 대한 생각을 다음처럼 밝혔다.

"번역가의 자유와 의무는 원문의 흐름과 뜻을 잘 전달했는가로 최종 판단해야지, 원문에 없는 것을 넣었다, 혹은 있는 것을 뺐다는 기계적인 기준만으로 판단해서는 안 된다. (중략) '원문 그대로'라는 말은 분명 드높은 이상이지만 실제 번역에서 참으로 지키기 어려운 이상이다."

출판번역가 이희재는 『번역의 탄생』에서 다음처럼 말했다.

"영어 책을 한국어로 번역하는 이유는 영어를 모르는 독자를 위해서이고 한문 고전을 현대 한국어로 번역하는 이유는 한문을 모르는 독자를 위해서라는 당연한 상식이 통하지 않을 만큼 원문을 존중하는 직역주의가 한국에는 아직 강하게 남아 있습니다."

영상번역에서도 무조건적인 직역을 강요하는 경우가 있다. 특히 자막 번역의 경우, 배우의 목소리가 들리기 때문에 시청자들이 의문을 제기하기도 한다. "왜 배우 대사랑 한글 자막 내용이 다르죠? 오역 아닌가요?" 영어 듣기에 자신감이 있는 시청자들은 다음처럼 불만을 토로한다. "너무 심하게 의역을 해서 원작이 훼손됐더군요. 그냥 자막을 보지 않고 화면만 보는 게 더 이해가 잘됩니다." 업계 관계자도 다음과 같은 요구를 한다. "요즘은 영어를 잘하는 시청자들이 많으니까 쉬운 영어 문장은 그냥 직역해 주세요. 의역하지 마시고요."

전부 자막 번역의 기능을 오해하고 하는 말이다. 외국 영화나 드라마에 한글 자막을 삽입하는 것은 영어를 잘 모르는 사람들을 위해서다. 한글 자막 없이 영어 대사만 듣고도 내용을 이해하는 사람들을 위해서가 아니다. 박상익이 쓴 『번역은 반역인가』에 나오는 다음 내용을 보면 번역의 목적이 좀 더 명확해진다.

"한국의 대학생들에게 고전을 읽으려면 모름지기 영어, 독일어, 프랑스어 등을 익혀 직접 원서로 읽으라고 말하는 것은, 지적 권위주의에 젖은 지식인의 낯 뜨거운 위선이요, 직무유기라고 생각한다. 속도는 얼마나 느릴 것이며, 내용 파악은 얼마나 부진하겠는가. 잘된 번역을 읽는 것보다 속도와 능률이 10분의 1도 안 될 것이다. 번역은 궁극적으로 정보의 대중화, 민주화를 의미하는 것이기도 하다."

영상번역의 기능도 이와 같다. 더 많은 사람들이 외화를 쉽게 이해할 수 있도록 돕는 것이다. 단순히 의역을 했느냐를 따질 것이 아니라, 원문의 의미를 충분히 전달했는지를 따져 봐야 한다. 'Come on'이라는 간단한 문장 하나만 봐도 직역만을 고집하기가 힘들다는 것을 쉽게 알 수 있다. 상황에 따라 '가자' '빨리 해' '진정해' '왜 이래!' '정신 차려' 등 다양한 의미로 번역할 수 있다.

예전에 한 시청자는 <프렌즈>를 보고 나서 게시판에 다음과 같은 글을 올렸다. "Hi라고 했는데, '어서 와'라고 번역했더군요. 이렇게 간단한 말도 오역을 하다니요."

<프렌즈>는 유난히 'Hi'나 'Hello'가 많이 나온다. 그럴 때마다 무조건 '안녕'이라고만 번역할 필요는 없다. 상황에 맞춰 '나 왔어' '어서 와'라고 번역하는 것이 더 자연스럽다. 단어의 사전적 의미에 얽매이기보다는 숨은 의미를 찾아서 옮겨 줘야 한다.

영상번역가의 자질, 덕후력

2013년에 개봉한 <퍼시픽 림>의 후기들을 보다가 눈길이 가는 글이 있었다. "기예르모 델 토로 감독이 의도해서 일부러 'cancel'이라고 표현한 걸 왜 멋대로 '종말을 막는다'라고 번역했나?" 이 관객이 지적한 영어 대사는 "Today we are canceling the apocalypse!'였다. 이 관객의 지적대로 감독의 의도를 존중해 사전적 의미대로 번역을 해야 할까? '종말을 취소할 것이다!' 또는 '종말을 중지할 것이다!' 영화 자막에 대한 비평 글들을 보다 보면 "감독의 의도를 훼손하고 영화를 망쳤다."라고 지적하는 얘기들이 자주 눈에 띈다. 이 얘기와 함께 세트로 따라다니는 지적이 있다. "왜 번역가 마음대로 의역을 하는가?"

그렇다면 '의역'이란 무엇인가? 왜 영화를 망치는 원흉으로 종종 비난을 받을까? 'I love you'를 '나는 사랑해 너를'이라고 영어 문법 그대로 번역한다면 이것은 원문에 충실한 직역인가? '나는 너를 사랑해'라고 한국어 어순에 맞춰 번역하면 원문을 무시한 의역인가?

사실, 의역과 직역을 구분하는 건 무의미하다. 다만, 여기서는 영화 번역에 국한해 관객의 입장에서 의역을 얘기해 보겠다. 관객들이 말하는 의역이란 '번역가의 의도(혹은 영화 마케팅 팀의 의도)가 개입된 것'을 가리킨다고 볼 수 있다. 원문에 있던 대사가 빠진다거나 다른 표현으로 대체된다거나, 없던 표현이 추가된다거나, 혹은 완전히 한국적 정서로 번역된 자막들을 가리켜 '의역'이라고 보는 것이다.

영화사로서는 한 명이라도 더 많은 관객을 사로잡기 위해 마케팅을 펼친다. 번역가는 마케팅 방향에 맞춰 번역 방향을 잡는다. 동시에, 나날이 높아지는 관객의 눈높이까지 고려해야 한다. 그럼 영화를 죽이는 의역과 영화를 살리는 의역을 어떤 기준으로 판단해야 할까?

다시 <퍼시픽 림> 얘기로 돌아가 보자. 중국에서 흥미로운 번역 논란이 있었다. 중국에서 개봉한 <퍼시픽 림>에서 예거인 '집시 데인저'의 필살기 '엘보 로켓(elbow rocket)'이 '페가수스 유성권'으로 번역된 것이다. '페가수스 유성권'은 일본 애니메이션 <세인트 세이야>의 주인공이 사용하는 기술이다. 이에 관객들이 불만을 제기하자, 번역가는 기예르모 델 토로 감독이 일본 애니메이션 마니아라서 일부러 그렇게 번역했다고 해명했다. 이는, 번역가가 감독의 의도를 과도하게 해석해 엉뚱하게 의역을 해서 결국 오역이 된 예다.

워킹맘의 애환을 그린 <하이힐을 신고 달리는 여자>에 이런 대사가 나온다.

All us working mothers feel like we're spinning 50 plates in air at once, but Kate, you can give her ten more plates, all the size of manhole covers, and she just keeps going.

주인공인 케이트(사라 제시카 파커 분)의 상황을 묘사하는 문장인데, 여기서 핵심은 'spinning 50 plates in air at once'와 'all the size of manhole covers'를 어떻게 번역하느냐다. 직역을 하면 이렇다. '워킹맘들은 접시 50개를 동시에 돌리지만, 케이트는 맨홀 뚜껑만큼 거대한 사이즈도 쉽게 돌린다' 극장 자막은 이렇게 나갔다. '워킹맘들은 몸이 10개라도 모자란데 케이트는 일, 살림 다 잘해 내는 슈퍼우먼이에요' 원문에서 '접시 50개를 돌린다'라고 표현했지만 한국에서 일상적으로 사용하는 표현 '몸이 10개라도 모자란다'로 번역해 캐릭터의 상황이 좀 더 쉽게 와닿는다. '맨홀 뚜껑을 돌리는 것'을 '슈퍼우먼'이라고 번역한 것은 원문과 다른 어휘로 대체됐지만, 메시지를 효과적으로 전달한 의역이다. 육아와 살림, 직장 일을 병행하며 고군분투하는 워킹맘의 이미지가 즉각적으로 머릿속에 떠오르기 때문이다. 자막은 스크린에 떴다가 몇 초 만에 사라지므로 자막을 보자마자 쉽게 이해가 돼야 한다. 문장 구조가 복잡하거나 화려한 수식어를 쓰면 자막을 따라 읽기가 벅차다.

천재 수학자 앨런 튜링의 이야기를 다룬 <이미테이션 게임>에는 다음과 같은 대사가 나온다.

It's not just a usual humdrum production mill factory… er, radio factory. It, it's not, actually.

앨런 튜링(베네딕트 컴버배치 분)은 공장을 가장한 비밀 연구소에서 독일군의 암호를 해독하는 프로젝트를 진행하는데, 조안 클라크(키이라 나이틀리 분)를 영입하기 위해 조안의 부모를 찾아가 횡설수설한다. 극장 자막은 이렇게 나갔다. "평범한 제조 공장이 아니에요. 라디오 공장인데 공장인 듯 공장 아닌…." <이 미테이션 게임>은 전체적으로 무겁고 심각한 분위기인데 조안의 부모 앞에서 말을 더듬으며 횡설수설하는 앨런의 모습이 다소 우스꽝스럽게 비쳐지며 영화 분위기를 잠시 환기시킨다. 이 부분에서 유난히 더 빵~ 터진 관객이 있다면, 2014년에 소유와 정기고가 부른 대히트곡 '썸'의 '내 거인 듯 내 거 아닌 내 거 같은 너'라는 가사를 떠올린 게 분명하리라. 하지만 '썸'을 모르는 관객이라면 '공장인 듯 공장 아닌'이 그저 일상적인 언어로 다가왔을 것이다. 이처럼 번역가의 의도와 관객의 경험이 만나면 더 많은 공감을 얻을 수 있다. 관객의 경험이나 지식 같은 영화 외적인 요소가 영화의 재미를 배가시킬 수 있다. 혹은 반대로 반감시킬 수도 있다. 그러므로 적절한 의역이냐를 판단할 때 관객에 따라 평가가 크게 달라지기도 한다.

1998년에 한국에서 개봉한 애니메이션 <벅스라이프>의 'This is nothing compared to the Twig of 1993'라는 대사는 '1993년 단풍 참사도 잘 이겨냈잖아'라고 번역됐다. 이 자막은 1995년에 발생한 '삼풍 백화점 참사'를 패러디한 재치 있는 번역의 예로 종종 꼽힌다. 하지만 <벅스라이프>가 2017년 현재 개봉됐다면? '단풍 참사'라는 표현이 관객에게 통했을까? 삼풍 백화점 붕괴 사고를 모르는 관객들에게는 별 감흥이 없을 것이다. 2014년에 발생한 '세월호 참사'를 빗대어 '단풍호 참사'라고 번역한다면 재치 있는 의역으로 평가 받을까? 관객들은 이 자막을 보며 유쾌하게 웃을 수 있을까? 세월호 참사는 전 국민에게 상처로 남았기 때문에 유쾌하게 영화를 감상할 수 없으리라. 오히려 슬픔과 분노가 더해질 것이다. 1998년 당시에는 최고의 번역으로 꼽히던 자막도 시대가 달라지면 평가가 달라질 수 있다. 적절한 의역인지를 판단할 때에는 시대적 맥락과 국민 정서까지 감안해야 한다.

영상번역가는 마케팅과 관객 사이에서 균형을 잡으며 영화의 메시지를 온전히 전달하는 방법을 끊임없이 고민해야 한다. 같은 의역이라도 영화 속 맥락, 시대적 맥락, 관객의 지식수준, 타깃 관객층 등 다양한 요소들이 개입돼 평가가 달라진다. 그러므로 모든 분야에서 '덕후력'을 발휘해야 하는 불가능에 도전하는 것이, 영상번역가의 숙명이다.

영상번역가는 고소득 전문직?

현재 29세, 영상번역 경력 3년 차, 미드만을 전문으로 번역하는 A양. 한동안 스케줄이 빡빡해서 작업실에만 박혀 번역을 하느라 제대로 외출 한 번 못 했다. 그러던 중 오랜만에 소개팅 약속이 잡혔다. 무릎 나온 트레이닝 바지를 벗고 말끔하게 차려입고 나가는 일 자체가 기분 전환이 되었다. 처음부터 유난히 초롱초롱 눈을 빛내며 A양을 사랑스럽게 바라보는 소개팅남. A

양은 왠지 예감이 좋았다. 이 남자 나한테 첫눈에 반했구나.

"영상번역 하신다고 얘기 들었어요. 와우, 정말 대단하세요."
"뭐, 대단하긴요. (영상번역이 전문직이니 나쁘지야 않지, 뭐. 호호호.)"
"영상번역 하면 연봉이 억대라면서요? 정말 대단하세요."
"네~에?! 아, 뭐…. 제가 그렇게 버는 건 아닌데."
"무슨 말인지?"
"유명한 극장 개봉작만 번역하는 번역가들은 억대 연봉에 해당하는 돈을 벌기도 하지만, 저는 케이블로 방송되는 미드만 번역하거든요. 케이블 번역이랑 극장 번역은 번역료가 10배씩 차이 나요. 저는 그렇게 많이는 못 벌어요."
"아…. 그래요?"

'김샜다'는 표정이 역력한 소개팅남을 보며, A양은 '오늘 소개팅도 망했구나'라고 생각했다.

실제로 영상번역가가 고소득을 거두는 전문직이라고 생각하는 경우가 있다. 유명한 극장 번역가들 이야기만 듣고 그렇게 판단하는 것이다. 예전에는 블록버스터 외화가 개봉했다 하면, 어김없이 영화가 끝나고 스크린에 '번역: 이미도'란 자막이 떴다. 극장 번역가는 이미도밖에 없냐는 말까지 나올 정도였다. 현재 이미도는 <슈렉> 시리즈나 <쿵푸 팬더>를 제작한 드림웍스 작품들을 주로 번역하며, 책 저술에 좀 더 주력하고 있다. 이미도가 어느 특강에서 밝히길, 극장 상영용 영화의 번역료는 600만 원이 상한선이고, 통상 200-300만 원이라고 했다. 아마도 사람들은 이 문장을 보고 '600만 원'이라는 말에만 유독 집중을 했으리라. 그리고 머릿속으로 대충 계산기를 두드려 보면, 1년 수입이 억대를 넘는다. 하지만 600만 원까지 받는 경우는 극히 드물다. 현재 몇 손가락 안에 꼽히는 유명 번역가들도 대체로 200-300만 원 선에서 번역료를 받는다. 그 외에 작은 규모로 개봉하는 외화를 번역하는 경우는 50-100만 원 정도를 받는다. 전체 영상번역가들 중에서 절대 다수를 차지하는 케이블 번역가들은 영화 한 편당 20-40만 원 정도를 받는다. 사정이 이렇다 보니, 억대 연봉을 버는 영상번역가는 눈을 씻고 찾아봐도 거의 없다. 번역만으로 부자가 되기는 불가능하다.

영상번역을 하고 싶다고 말하는 사람 중에서 영상번역가에 대한 환상에 사로잡힌 경우가 있다. 극장 스크린에 자기 이름 석 자를 올려서 부와 명예를 한꺼번에 얻겠다고 꿈을 꾸는 건 위험하다. 환상에 젖어 섣불리 영상번역 업계에 발을 들였다가 크게 실망한 채 그만두고 떠나가는 사람들도 있다. 영상번역가가 되고 싶다면 환상부터 깨야 한다. 영상번역가는 화려한 직업이 아니다. 하지만 현실을 제대로 알고 도전한다면 영상번역만큼 매력적인 직업도 없다.

영상번역만으로 밥벌이가 될까?

아무리 매력적인 직업이라 해도 밥벌이가 되지 않는다면 다시 생각해 볼 일이다.『칼의 노래』와『남한산성』을 써낸 소설가 김훈은 어느 인터뷰에서 이렇게 밝혔다. 소설 그 자체에 대한 허영심보다는 밥을 벌기 위해 글을 썼다고. 영상번역도 엄연히 직업이다. 자기만족으로 그쳐선 안 된다. 밥벌이가 돼야 한다.

과연 영상번역만 해서 먹고살 수 있을까? 이 질문에 대한 답을 알려면, 번역료 현황부터 알아야 한다. 번역료는 경우에 따라 천차만별이라서 획일적으로 말하기는 힘들다. 초보부터 베테랑까지 다양한 상황을 가상으로 재구성해 보았다.

1. 번역의 신 나열심

번역 경력 10년인 번역가 나열심은 아내와 두 딸과 산다. 아내는 전업 주부라서 나열신 혼자 벌어서 가족을 먹여 살려야 한다. 나열심은 매달 수입을 평균 400만 원 이상으로 유지한다. 주로 미드만 번역하는데 하루에 한 편 꼴로 작업한다. 일주일에 최소한 네 편 이상 번역하며, 한 달 평균 26일 정도 일한다. 가족에 대한 책임감이 투철한 나열심은 요령을 피우는 법이 없다.

이렇게 매달 고수입을 거두기란 쉬운 일이 아니다. 영어 실력도 뛰어나고 번역 속도도 빠르기 때문에 가능한 일이다. 자신이 일하는 만큼 한 달 수입이 정해지므로, 한 달 동안 빠른 속도로 많이 번역하면 한 달 수입도 높아진다.

번역의 신 나열심도 초보 시절에는 이렇게 높은 수입을 거두지 못했다. 현재는 드라마 한 편당 20만 원을 받지만 처음엔 한 편당 10만 원밖에 받지 못했다. 경력이 쌓이면서 번역 속도도 빨라졌고, 더 높은 번역료를 주는 거래처를 꾸준히 찾아 옮긴 덕분에 지금처럼 높은 수입을 거둘 수 있었다. 하지만 나열심은 특수한 경우다. 영상번역만으로 고수입을 거두는 게 쉽지는 않다.

2. 당당한 싱글 나홀로

나열심과 마찬가지로 번역 경력 10년인 나홀로도 미드를 주로 번역한다. 번역료도 나열심보다 높지는 않지만 비슷한 수준으로 받는다. 그런데 나열심보다 번역 속도가 느리다. 초인적인 힘을 발휘해서 밤샘까지 해 가며 하루에 드라마 한 편을 끝내는 날도 있다. 하지만 저질 체력이라 그 다음날은 온종일 뻗어서 정신을 못 차린다.

기분파라서 날씨가 좋으면 좋다고 들로 산으로 놀러 가고, 비가 오면 비가 와서 우울하다고 파전에 막걸리를 마신다. 게다가 계절이 바뀔 때마다 정신을 못 차린다. 봄이 오면 마음이 싱숭생숭하다고 일을 못 하고, 가을이면 가을 타느라 책상 앞에 붙어 있질 못한다.

사정이 이렇다 보니 나홀로는 매달 수입이 들쑥날쑥하다. 일을 못 한 달은 월수입이 150만 원일 때도 있고, 열심히 일한 달은 월수입이 400만 원까지 오르기도 한다. 그래도 평균 200-250만 원 선을 유지한다. 300만 원 이상의 고수입을 거두는 경우도 드물지만, 100만 원까지 떨어지는 경우도 드물다. 기분파 나홀로도 먹고살아야 하기에 최소한의 작업량을 정해 놓고 일한다. 아직 미혼인 나홀로는 나열심처럼 부양할 가족이 없어서 현재 수입에 만족한다.

3. 번역맘 나품절

결혼 5년 차 나품절은 경력 7년인 베테랑 번역가이자 번역맘이다. 세 살짜리 딸이 있어서 살림과 육아를 병행하느라 하루가 어떻게 지나가는지 모른다. 딸이 잠든 뒤에 새벽까지 다섯 시간 정도 번역을 한다. 가족 행사가 있거나 딸이 아프기라도 하면 일할 틈이 없다.

매달 드라마 열 편 정도를 번역한다. 평균 월수입은 150만 원 선이다. 살림과 번역을 병행하는 게 힘들긴 하지만, 남편 혼자 버는 것보다는 맞벌이가 살림에 더 보탬이 된다.

결혼하기 전에는 대기업 다니는 친구들 못지 않게 수입이 꽤 높았다. 결혼하고 딸을 낳은 후 작업 시간이 크게 줄어들면서 수입도 줄었지만, 결혼한 후에도 번역을 하면서 자아성취를 할 수 있어서 만족한다.

집에서 번역을 하며 살림과 육아까지 병행한다는 게 말처럼 쉽지는 않다. 남편의 도움이 없으면 일에 전념할 수 없다. 슈퍼맘이 되길 욕심 부리면 자아성취고 뭐고 일에만 치일 수 있으니 엄격하게 자기 관리를 해야 한다. 무엇보다, 생활 공간과 작업 공간을 분리하고 일정한 시간을 정해서 그 시간에만 번역에 집중해야 한다. 마음을 좀 내려놓고 완벽주의에서 벗어나야 한다. 살림과 육아, 번역을 모두 완벽하게 하려는 건 말 그대로 욕심이다.

4. 햇병아리 나초보

이제 갓 영상번역 업계에 발을 들여놓은 나초보. 극장 개봉작을 번역하는 게 꿈이었지만 기회가 좀처럼 오지 않아서 미드 번역으로 눈을 돌렸다. 미드를 보면서 돈을 버니 재미있기는 하지만 턱없이 낮은 번역료 때문에 고민이 많다.

드라마 한 편에 번역료가 10만 원밖에 안 된다. 드라마 한 편 번역하려면 사흘 꼬박 걸린다. 그럼 한 달 내내 일해 봤자 열 편밖에 안 된다. 한 달 수입 100만 원. 이렇게 해서 먹고살 수 있을까? 아무리 영상번역이 좋아도 이렇게 밥벌이가 안 되면 다른 직업을 찾을 수밖에.

그러던 차에 나초보는 온라인 영상번역가 카페에 가입했다. 다들 어떻게 사는지 궁금했기 때문이다. 거기서 나열심과 나홀로, 나품절을 만났다. 세 사람 다 입을 모아 다음과 같이 조언을 해 줬다.

"처음엔 다들 그렇게 시작해요. 경력이 없기 때문에 높은 번역료를 주는 회사를 찾기가 힘들죠. 처음에는 번역 속도도 느리기 때문에 한 달에 일하는 분량이 적어서 한 달 수입도 낮아요. 시간이 지나다 보면 번역 속도가 자연스럽게 빨라지니 걱정 말아요.

드라마의 경우 최소한 이틀에 한 편 번역하는 게 좋아요. 영상번역가들은 월급을 받는 게 아니라 프리랜서로 일하니까 많이 일할수록 한 달 수입이 많아지잖아요. 우선은 번역 속도를 높이는 데 신경 써야 해요.

그러다 경력이 좀 더 쌓이고 번역 속도도 빨라지면, 지금 거래하는 번역 회사보다 더 높은 번역료를 주는 번역 회사를 찾아보세요. 한 번역 회사와 오래 거래한다고 해서 번역료가 꼭 인상되는 게 아니거든요. 더 좋은 번역 회사를 계속 찾아다니며 옮겨야 해요.

나초보 씨가 지금 거래하는 번역 회사에선 드라마 한 편에 10만 원을 준다고 했죠? 그보다 높은 번역료를 주는 곳도 많아요. 한 편당 15만 원 이상을 받는다면 지금처럼 10편만 번역해도 월수입이 150만 원 이상으로 오르잖아요. 번역 속도가 더 빨라져서 한 달에 15편을 번역한다고 쳐 봐요. 월수입이 200만 원을 넘게 되죠."

선배 번역가들의 조언을 들은 나초보는 조금이나마 안심이 됐다. 영상번역만으로도 밥벌이가 된다는 사실을 알게 됐다. 다음과 같은 이야기도 들었다.

"극장에서 개봉하는 영화만 번역하는 경우도 있어요. 케이블 채널에서 방송되는 영화의 경우 100분짜리를 기준으로 번역료가 20-40만 원 정도 하거든요. 그런데 극장에서 개봉하는 경우, 번역료가 50-200만 원 정도 해요. 엄청난 차이죠. 특히 블록버스터만 번역하는 유명 번역가들은 200만 원 이상도 받는다고 해요. 그러니 한 달에 네 편 정도만 번역해도 월수입이 상당히 높아요.

하지만 그런 번역가는 아주 드물어요. 극장 번역가를 꿈꾸는 사람들이 많지만 진입하기가 힘들어요. 그래도 미드 번역하고는 또 다른 매력이 있으니 도전해 볼 만해요."

나초보는 당장 번역 속도를 높이는 게 최대 과제이긴 하지만, 언젠가는 극장 번역에도 도전해 보리라 다짐한다.

다시 질문을 던지겠다. 영상번역만으로 밥벌이가 될까? 대답은 '그렇다'이다. 앞에서 예시로 든 번역가들 상황을 봐도 알겠지만, 각자 처한 상황에 따라 한 달 수입이 다르다. 부양할 가족이 있는지에 따라 목표 수입도 달라진다. 자기 상황에 맞춰 한 달 수입 목표를 정해야 한다. 자신이 받는 번역료를 기준으로 한 달에 최소한 몇 편을 번역해야 할지 미리 계획을 세워야 한다. 시행착오를 겪으면서 경력이 쌓이면 자연스럽게 터득할 일이지만, 갓 입문한 번역가들은 번역료 현황을 잘 몰라서 어떻게 계획을 세워야 할지 막막할 수도 있다.

어떤 일이든 밥벌이로 삼으면 지겨워진다. 김훈도 에세이

집 『밥벌이의 지겨움』에서 다음처럼 말했다.

"나는 밥벌이를 지겨워하는 모든 사람들의 친구가 되고 싶다. 친구들아, 밥벌이에는 아무 대책이 없다. 그러나 우리들의 목표는 끝끝내 밥벌이가 아니다. 이걸 잊지 말고 또다시 각자 핸드폰을 차고 거리로 나가서 꾸역꾸역 밥을 벌자. 무슨 도리 있겠는가. 아무 도리 없다."

영상번역만으로 밥벌이가 돼야 한다. 하지만 그것이 최종목표가 돼선 안 된다. '밥벌이의 즐거움'도 함께 느끼길 바란다.

번역가의 연봉은 어떻게 결정되나?

영상번역가는 회사에 소속된 몸이 아니라 프리랜서로 일하기 때문에, 가만히 있으면 누가 알아서 몸값을 올려 주지 않는다. 계약직처럼 1년 단위로 계약하고 일하는 것도 아니어서, 연봉 협상이란 것 자체가 없다. 영상번역가는 어떻게 해야 연봉을 올릴 수 있을까?

갓 입문한 영상번역가는 가장 낮은 번역료를 받기 마련이다. A라는 거래처와 첫 거래를 시작했다고 가정해 보자. 일부 번역 회사는 번역가의 경력 및 실력에 따라 번역료를 차등 지급하지만, 대부분의 번역 회사는 경력에 상관없이 일괄적으로 번역료를 지급한다. 한 번역 회사에서 몇 년씩 일해도 번역료가 인상되는 경우는 드물다.

번역료를 인상하고 싶다면 A보다 더 높은 번역료를 주는 거래처를 찾아 옮겨야 한다. A보다 번역료가 높은 B 번역 회사를 찾았다면, 그곳에서 경력을 쌓은 뒤 B보다 더 높은 번역료를 주는 번역 회사를 다시 찾아야 한다.

좋은 거래처는 어떻게 찾을 수 있을까? 첫 거래처를 알아볼 때와 마찬가지로, 인터넷 검색을 통해 번역 회사들을 알아봐야 한다. 많은 번역 회사들이 경력자를 선호하기 때문에, 몇 년 이상 경력이 쌓이면 테스트를 거치지 않고도 통과하는 경우가 많다. 이력서는 자기소개보다 그동안 번역한 목록 위주로 적으면 된다.

'달걀을 한 바구니에 담지 말라'는 말이 있다. 바구니가 떨어지면 달걀이 모두 깨져 버리므로, 달걀을 여러 바구니에 나누어 담으라는 뜻이다. 초보 번역가의 경우, 이 말을 더욱 명심해야 한다. 한 거래처하고만 일을 하는 것보다 두세 군데 업체와 거래하는 게 좋다.

앞서 번역료가 높은 거래처를 찾아서 옮기라고 했는데, 이때 주의할 점이 있다. 번역료가 높은 새 거래처를 찾았다고 해서 기존 거래처를 바로 끊어서는 안 된다. 번역가마다 궁합이 맞는 거래처가 따로 있다. 번역료와 상관없이 궁합이 맞지 않아서 오래 일하지 못하는 경우도 종종 있다. 자신과 궁합이 맞는지 알아보려면 일정 기간 일해 보고 판단해야 한다. 그렇기 때문에 새 거래처를 찾아도 기존 거래처하고 계속 관계를 유지하는 것이 좋다. 새 거래처와 궁합이 맞으면 기존 거래처와는 일을 서서히 줄이고 새 거래처와의 일을 늘려 간다. 이러한 과정을 몇 번씩 반복하면서 계속 다른 거래처를 물색해야 한다.

거래처와 궁합이 맞는다고 해도, 영상번역가는 프리랜서이기 때문에 언제든 일이 끊길 수 있다. 내가 프리랜서로 독립했을 당시, 세 군데 번역 회사와 동시에 거래를 했다. A라는 번역 회사에서 꾸준히 일감을 받았는데 어느 날 갑자기 일감이 뚝 끊겼다. 하지만 B와 C 거래처에서는 계속 일감이 들어왔기 때문에 크게 걱정은 없었다. 또 어떤 때는 B에서 일감이 끊기고, A와 C에서만 일감 의뢰가 들어오기도 했다.

번역 회사들은 방송국에서 번역 의뢰를 받은 뒤 번역가에게 번역을 의뢰한다. 방송국에서 수입하는 작품 물량이 줄어들면 번역 회사에서 번역가한테 의뢰할 일도 자연스럽게 줄어든다. 그러니 만약의 경우를 대비해 몇 군데 업체와 동시에 거래해야 한다.

영상번역가로 입문했다고 끝이 아니다. 자신의 몸값을 올리려면 끊임없이 정보를 수집하면서 더 좋은 거래처를 찾아야 한다. 또한 꾸준히 공부하며 실력을 쌓아야 한다. 실력을 인정받지 못하면 좋은 거래처를 찾아 옮겨 가기도 전에, 퇴출당할 수 있다.

번역 속도도 실력

케이블 채널로 방송되는 외화 작품들은 번역 일정이 빠듯하다. 대체로 방송 편성이 먼저 잡혀야 번역을 의뢰하기 때문이다. 영화는 일주일 내지 며칠 내에 번역해야 한다. 미드는 한 시즌당 20회 이상인 경우가 많다. 드라마 번역을 맡으면 이틀에 한 번 꼴로 마감일이 돌아온다. 심지어 매일 한 편씩 번역해야 할 때도 있다. 오늘 한 편을 번역해서 넘겼다 해도 쉴 틈이 없다. 매일매일 마감과 전쟁을 벌여야 한다.

이 때문에 "번역 속도도 실력이다."라는 말이 나온다. 영상번역 업체에서는 번역 실력이 뛰어나면서 번역 속도까지 빠른 번역가를 선호한다. 번역가가 드라마 한 편을 번역하느라 일주일 이상씩 붙잡고 있으면, 제작 및 방송 일정에 차질이 생기기 때문이다.

영상번역 지망생들이나 새내기 영상번역가들은 번역 속도를 높이는 데에 주력해야 한다. 번역 속도가 느리면 납기일을 지키기 힘들고, 습관적으로 납기일을 어기다 보면 신뢰를 잃어서 일감이 끊기게 된다. 영상번역가는 자신이 일하는 만큼 수입을 거두기 때문에 번역 속도가 느리면 한 달 수입도 줄어든다.

번역 속도를 평소에 확인해 둬야 한다. 영화나 드라마 한 편을 번역하는 데 시간이 얼마나 걸리는지 알아 두자. 그래야 업체와 번역 일정을 정할 때 자신의 능력에 맞게 조정할 수 있다.

드라마 한 편을 번역하는 데 평균적으로 3일이 걸리는 번역가 A가 있다고 가정해 보자. 그런데 업체 B에서는 이틀에 한 편씩 번역할 수 있는 번역가를 찾는다면? 결국 번역가 A는 업체 B와 거래를 할 수 없다. 업체 B에서 번역 속도가 더 빠른 다른 번역가를 찾을 테니까. 업체에서 번역 일을 의뢰할 때 번역가에게 번역 속도를 먼저 물어볼 수도 있다. 그 속도에 맞춰 번역 일정을 잡을 수 있기 때문이다.

업체 드라마 한 편을 번역하는 데 시간이 얼마나 걸리나요?
번역가 A 잘 모르겠는데요.

번역가 A처럼 자기의 번역 속도를 모르고 있으면 업체와 번역 일정을 조정하기 힘들다.

업체 드라마를 매일 한 편씩 번역하실 수 있나요? 일주일에 다섯 편씩 방송하기 때문에 일정이 좀 빠듯하거든요.
번역가 B 저는 드라마 한 편을 번역하는 데 하루 반에서 이틀 정도 걸립니다. 매일 한 편씩 번역하는 건 힘들 것 같은데요. 3일에 걸쳐 두 편씩 번역하는 걸로 일정을 조정할 수 있을까요?

번역가 B는 자신의 번역 속도를 파악하고 있기 때문에, 업체와 번역 일정을 조정할 수 있다. 업체에서 무리한 번역 일정을 요구하기도 한다. 자신의 능력을 고려하지 않고 무조건 업체의 요구를 들어주면 낭패를 볼 수 있다. 번역 일만 잔뜩 받아 놓고 납기일을 지키지 못하면 신뢰만 잃는다.

　납기일도 제대로 지키고 한 달 수입도 높이려면 광속 번역을 해야 한다. 이상적인 번역 속도는 어떻게 될까? 영화 100분물은 3일 안에 번역할 수 있어야 한다. 드라마 40분물은 이틀 안에 한 편씩 번역할 수 있어야 한다. 전문 용어가 많이 나온다거나 대사량이 너무 많으면 예상보다 번역 시간이 더 오래 걸린다. 과학 다큐멘터리는 검색할 자료가 많아서 드라마보다 시간이 오래 걸린다. 코미디 영화는 대사량도 많고 말장난이나 비속어가 많이 나와서 번역하기가 까다롭다. 반면에 공포물이나 액션물은 대사량이 적어서 번역 시간이 짧다.

　정말 속도가 빠른 번역가들은 영화 100분물도 하루 만에 번역을 끝낸다. 드라마 한 편을 8시간 이내에 끝내는 번역가도 있다. 하지만 새내기 번역가는 번역 속도가 느리기 마련이다. 어떻게 해야 번역 속도를 높일 수 있을까?

　첫째, 작업 환경이 좋아야 한다. 실력 없는 사람이 연장 탓을 한다는 속담이 있다. 하지만 영상번역가는 좋은 연장부터 갖춰야 한다. 컴퓨터가 버벅거리고 인터넷이 느리면 당연히 번역 시간이 늘어난다. 컴퓨터를 장만할 때 돈을 아끼지 말자. 인터넷도 광속처럼 빨라야 한다. 영상번역가에게는 시간이 돈이다.

　둘째, 인터넷 검색 시간을 줄여야 한다. 번역을 하다 보면 인터넷 검색을 하느라 시간을 많이 빼앗긴다. 인터넷 검색 시간을 줄이려면 평소에 공부를 꾸준히 해야 한다. 외국어와 한국어 공부는 기본이고, 다양한 상식을 쌓아야 한다. 어휘력도 뛰어나고 상식이 풍부하면 굳이 검색하지 않아도 되기 때문에 번역 시간이 줄어든다.

셋째, 작업 일지를 적어 보자. 작업 일지를 적으면 번역 속도도 확인해 볼 수 있고, 쓸데없이 낭비하는 시간을 절약할 수 있다.

내 경우를 예로 들어 보겠다. 하루에 몇 시간이나 번역을 하는지 궁금해서 작업 일지를 매일매일 기록해 봤다. 번역을 시작한 시간과 마감한 시간뿐만 아니라, 중간에 밥 먹는 시간과 휴식 시간, 딴짓 하는 시간도 기록했다. 작업 일지를 보면서 내가 얼마나 비효율적으로 일을 하는지 깨달았다. 온종일 모니터 앞에 앉아 있었지만, 실질적으로 작업하는 시간은 6시간 정도밖에 되지 않았다. 작업 일기를 적기 전에는 하루에 12시간 넘게 일한다고 착각했었다. 확실히 쉬는 것도 아니고 확실히 일하는 것도 아니고, 어영부영 책상 앞에 앉아 시간만 허비했던 셈이다.

영상번역가는 프리랜서라서 긴장감을 잃고 생활이 나태해지기 쉽다. 계획 없이 닥치는 대로 일하다 보면 마감일을 자주 어기게 되고 주말에도 제대로 쉬지 못한다. 스스로 자신을 감시해야 한다.

넷째, 계획표를 써 보자. 작업 일지를 기록해 보고 자신의 문제점을 파악한 뒤 계획표를 작성하면 더욱 좋다. 스스로 출퇴근 시간을 정하지 않으면 밤낮없이 일해야 하는 불상사가 생긴다. 주말이나 휴일도 반납해야 한다. 프리랜서라는 말이 무색히게 '창살 없는 새장에 갇힌 신세'로 전락할 수 있다. 정말 '프리'한 '프리랜서'가 되고 싶으면 자기 관리를 잘해야 한다.

일하는 시간만큼은 일에만 집중해야 한다. 컴퓨터와 인터넷을 켜 놓고 일하기 때문에 자신도 모르게 인터넷에 빠져서 허우적거리게 된다. 번역과 관련 없는 기사를 읽다 보면 한두 시간이 훌쩍 지나간다.

번역할 때는 번역에만 집중하고 놀 때는 확실하게 놀아야 한다. 쓸데없는 일에 시간 낭비하면서 12시간 넘게 책상 앞에 앉아 있지 말자. 최대한 집중력을 높여서 6시간 만에 번역을 끝내고, 나머지 6시간은 뒹굴뒹굴 노는 게 훨씬 효율적이다.

이제까지 광속 번역을 하는 것이 여러모로 좋다고 말했다. 하지만 주의할 점이 있다. 빠른 시간 내에 번역을 끝내겠다고 서두르다 보면 대충대충 할 수가 있다. 번역 속도에만 치중하다가 제대로 번역하지 못하면 불성실한 번역가로 낙인찍힐 수도 있다. 빠르면서도 정확한 번역을 할 수 있도록 신경 써야 한다.

걸어 다니는 백과사전 되기

한 사람이 모든 분야에 통달한 만물박사가 되는 일은 불가능하겠지만, 그 불가능에 도전하는 것이 번역가의 숙명이다. 어제는 의학물을 번역하다가, 오늘은 SF물을 번역하다가, 내일은 스포츠물을 번역하다가, 모레는 수사물을 번역하다가, 또 그 다음날은 뭘 번역할지 알 수 없다. 한 작품 안에 과학+스포츠+경제+군사 등 여러 전문 분야가 섞여 있는 경우도 있다.

출판번역가 안정효는 번역가는 백과사전이 돼야 한다고 했다. 번역을 하려면 문학 작품을 비롯해 영화나 TV 시리즈의 제목, 외국 아이들이 즐겨 먹는 과자의 이름 등에도 해박해야 한다는 것이다. 영상번역이라고 다를 바가 없다. 다양한 분야의 배경 지식을 공부해야 오역을 방지할 수 있다. 시청자들 중에는 준전문가가 많다. 어설프게 번역했다가는 시청자들이 금방 눈치챈다. 배경 지식이 부족해서 오역을 하면, "몰라서 실수한 거예요."라는 변명이 통하지 않는다.

미국 애니메이션 <심슨네 가족들>은 미국의 역사와 정치, 문화가 폭넓게 녹아 있어서 배경지식이 없으면 번역하기가 까다롭다. 실제 대사를 예로 들어 보겠다.

A nation crippled by unemployment and bored by Seabiscuit embraces two unlikely folk heroes.

위 문장에서 'bored by Seabiscuit'를 직역하면 '시비스킷에 질리다(권태를 느끼다)'이다. 영상번역 공부를 하는 수강생들에게 '시비스킷'이 뭔지 아냐고 물어봤다. 다들 고개를 절레절레 저었다. 대문자로 되어 있으니 고유 명사인 것 같은데 사람 이름일까? 단서 하나를 주자면 1929년부터 1939년까지 이어진 대공황 시대에 나온 대사이다. '시비스킷'은 그 시기에 전 미국인에게 큰 사랑을 받았던 경주마 이름으로, 체구가 작고 볼품없는 말이었다. 당시 힘든 삶을 살아가던 미국인들은 큰 경마대회에서 계속 우승을 해 나가는 시비스킷을 보고 희망을 얻었다. '시비스킷에게 질렸다'는 건 더 이상 시비스킷에게서 희망을 찾지 못하고 새로운 영웅에 열광하게 됐다는 뜻이다. 이런 배경을 모르고 기계적으로 번역을 하면 시청자들에게 원문의 의미가 제대로 전달되지 않을 수도 있다. '시비스킷'이 시청자들에게 익숙하다면 그대로 살려서 번역하면 되지만, 그렇지 않다면 '희망을 잃고 새 영웅에 열광한다'라는 식으로 의역해야 한다.

이렇듯 정확한 번역을 하려면 백과사전이 되어야 한다. 한 우물만 파서는 안 된다. 가능한 많은 우물을 동시에 파 들어가야 한다. 보통은 관심이 있어야 공부를 하는 법이지만, 번역가는 일단 관심부터 가져야 한다. 책을 읽으며 공부하다 보면 흥미가 생긴다.

검색은 번역의 힘

번역가는 백과사전이 돼야 한다. 하지만 모든 분야에서 전문가가 되기란 쉽지 않다. 수사&법정물, 의학물, 과학물 등은 영어 실력이 뛰어나도 관련 지식이 없으면 번역하기가 힘들다. 기본 상식 정도를 뛰어넘는 '전문 용어'들이 쏟아져 나오면 등에서 식은땀이 흐른다. 방법이 없다. 무조건 공부할 수밖에.

번역가 한 사람이 모든 분야를 통달한다는 게 가능한 걸까? 20년이 다 돼 가도록 영상번역가로 살아 온 나는 어떨까? 나 스스로 걸어 다니는 백과사전이라고 자신 있게 말할 수 없다. 그래서 항상 자책감에 시달렸다. 나는 계속 번역할 자격이 있는 걸까? 백과사전이 아닌 사람은 번역을 해서는 안 되는 걸까? 이런 고민을 하고 또 했다. 그러던 중 어느 케이블 방송국 사이트의 시청자 게시판에서 다음과 같은 글을 접했다. "번역을 아마추어한테 맡기나요? 번역가든은 다양한 분야에 대해 기본 지식을 갖추는 게 당연하지 않나요?"

이 글을 보고 나의 고민은 더욱 깊어졌다. 출판번역가들은 전문 서적을 번역할 경우, 관련 서적을 여러 권 읽거나 사전 조사를 충분히 한 후에 번역을 시작한다. 영상번역가는 그러기가 쉽지 않다. 출판번역은 번역 기간이 한 달 내지 몇 달 정도 주어지지만, 영상번역은 40분짜리 드라마를 하루 이틀 내에 끝내야 한다. 번역 시간이 절대적으로 촉박하기 때문에 관련 책을 찾아 읽을 여유가 없다.

의대 입구에도 가 보지 못한 번역가가 의학 드라마를 맡았다고 생각해 보자. 쉴 새 없이 쏟아져 나오는 의학 전문 용어를 어떻게 번역할 것인가? 잘 모른다고 번역에서 손 뗄 것인가? 번역가로서 자질이 부족하다고 자책감에 시달리며 머리만 쥐어뜯을 것인가?

이제는 인터넷만 있으면 못 찾을 게 없다. 인터넷이 없던 시절에 활동하던 번역가들을 생각하면 존경스럽다. 인터넷이 없었다면 난 오래 전에 번역을 그만뒀을지도 모른다. 인터넷만 잘 활용하면 나의 부족한 점을 얼마든지 채울 수 있다. 인터넷에는 국어사전과 영어사전은 기본이고, 온갖 전문 분야 사전들이 많다. 어디 그뿐인가. 네티즌들이 실시간으로 올리는 다양하고 방대한 정보들이 매일 업데이트된다. 국내 사이트에서 찾지 못한 정보는 외국 사이트로 들어가 찾아볼 수 있다. 외국 현지에 가지 않아도 각국의 정보를 책상 앞에서 알아볼 수 있다. 번역하다가 모르는 내용을 만나면 주저 없이 인터넷을 검색해야 한다. 아는 내용이라고 해도 인터넷 검색을 통해 한 번 더 확인해 보는 게 좋다. 검색하고 또 검색해야 한다.

하지만 항상 주의해야 한다. 인터넷은 말 그대로 정보의 바다이기 때문에 검증된 정보와 검증되지 않은 정보가 마구 뒤섞여 있다. 인터넷 정보만 무조건 믿었다가 낭패를 볼 수도 있다. 수많은 정보 중에서 올바른 정보를 빠른 시간 내에 정확히 찾아내는 것도 실력이다. 번역하는 것보다 인터넷 검색에 시간을 더 많이 빼앗기는 경우도 많기 때문이다. 빠른 시간 내에 정확한 정보를 찾아내려면 평소에 꾸준히 다양한 분야의 책을 읽는 일이 중요하다. 배경 지식이 풍부한 사람이 검색 속도도 빠르다.

쉬 어 가 기 번역은 외모가 아닌 실력으로 말한다

TRANSLATOR'S POWER

    2016년 6월에 박근혜 대통령이 참석한 프랑스 현지 한류 행사와 관련해 대행업체가 통역가를 모집하며 '용모 중요'라는 자격 조건을 강조하며 지원자들에게 신체 사이즈를 묻고 전신 사진까지 요구했다.

    관련 기사를 보며 예전에 영상번역 회사에 채용 면접을 보러 간 일이 문득 떠올랐다. 대학 졸업 직후, 처음 보는 채용 면접인지라 부랴부랴 밖에 나가서 면접용 옷을 하나 샀다. 누가 봐도 면접용 새 옷이란 게 티가 나는 그런 옷이었다. 그 옷을 입고 면접을 보러 갔더니, 고용주가 보자마자 이렇게 말하는 게 아닌가.

"그렇게 차려입고 오지 않아도 되는데요."

    증명 사진도 포토샵으로 예쁘게 보정하다 못해 취업 성형까지 고려하는 이들이 많다는 요즘 세태를 생각하면 파격적이까지 한 발언이다. 막상 번역 회사에서 일해 보고 나중에 번역 프리랜서로 독립해 일해 보니 정말이지 번역은 '용모 단정'과는 거리가 멀었다. 회사를 나와서도 다른 영상번역 업체에 이력서를 보낼 때 증명 사진을 첨부한 적도 없다. 대학 학점이나 시험 점수도 딱히 필요 없다. 무엇보다도 번역 경력을 가장 중시하기 때문이다. 번역가의 경력이 탄탄하면 면접을 보지 않고도 바로 일을 의뢰한다. 업체 관계자와 번역가는 서로 얼굴도 모른 채 일하는 경우도 많다. 10년이 넘도록 학력 얘기 할 일도 없어서, 가끔은 내가 어느 대학을 졸업했는지조차 잊기도 한다. 덕분에 여태 증명 사진은커

넝 전신 사진 한 장 찍어 둘 필요도 없었다.

그게 바로, 내가 번역이란 일을 좋아하는 여러 가지 이유 중 하나다. 번역은 실력으로 말하지, 외모나 나이로 말하지 않는다.

3부

영상번역, 한번 해 볼까?

영상번역, 내 적성에 맞을까?

어디 가서 영상번역가라고 소개를 하면, 질문 공세가 이어진다. 그중에서도 가장 많이 받는 질문은 '영상번역 입문 방법'이다. 대학 졸업을 앞두고 진로 걱정을 하는 학생, 이직을 고민 중인 직장인, 회사 때려치우고 방바닥 긁는 친구, 아이 키우는 주부까지 많은 사람들이 영상번역가 되는 법을 알려 달라고 부탁한다.

영상번역, 누구나 꿈꿀 수 있다. 하지만 아무나 할 수는 없다. 검사나 의사, 심지어 대통령도 누구나 꿈꾸며 도전할 수 있다. 그렇다고 아무나 그 꿈을 이루는 건 아니다. 어떤 분야에서든 꿈을 이루려면 그만큼 열정을 쏟아붓고 노력을 해야 한다. 영상번역도 예외가 아니다. 영어 좀 한다고 해서 바로 시작할 수 있는 일이 아니다. 자신이 정말 좋아하는 일인지 신중하게 생각해 본 다음, 시간과 노력을 투자해야 한다. 한두 달 만에 승부를 볼 생각이라면 일찌감치 포기하는 게 좋다.

영상번역이 다른 직업에 비해 고귀하고 무진장 어려운 일이니 아무나 도전하지 말라는 얘기가 아니다. 다만, 영상번역이 다른 직업에 비해서 쉽게 시작할 수 있는 일이라고 섣불리 판단하는 이들이 많아서 미리 당부하는 것이다.

그렇다면 번역가가 되려면 어떠한 자질을 갖춰야 할까? 번역이란 암호를 해독하는 과정이라고 할 수 있다. 하나하나씩 단서를 찾아 이리저리 조합해 가며, 거기다 상상력까지 발휘해 그 뜻을 풀어 나가야 한다. 제대로만 암호를 해독한다면 깊이 숨겨져 있는 보물을 찾아낼 수 있다. 하지만 암호를 잘못 해독해 엉뚱한 길로 빠지면, 나뿐만 아니라 내 뒤를 따르는 다른 사람들까지 길을 잃고 헤매게 된다. 번역가는 시청자들, 시공을 초월한 다른 세계로 이끄는 안내자와 같다. 그러므로 판단력이 뛰어나야 하고 책임감이 투철해야 한다. "당신 때문에 엉뚱한 데로 왔잖아!" 이런 질타를 받지 않으려면 항상 정신을 바짝 차려야 한다.

영상번역에 도전하기 전에 곰곰이 생각해 보기 바란다. 진심으로 영상번역이 좋은지 말이다. 적성에 맞는지 안 맞는지는 직접 해 봐야 아는 일이다. '적성에 맞다'는 건 무슨 의미일까? 어린아이를 생각해 보자. 어린아이에게 피아노와 바이올린, 플루트 등 여러 가지 악기를 가르쳤다. 그 이후 어떤 악기가 아이 적성에 맞을지 어떻게 판단할 것인가? 아이가 싫증 내지 않고 꾸준히 흥미를 느끼는 악기가 적성에 맞다고 할 수 있다. 아이가 피아노를 너무너무 싫어해서 연습할 때마다 울면서 떼를 쓴다면 어떨까? 피아노 칠 때마다 괴로워하는 아이한테 계속 피아노를 배우라고 강요할 수는 없다. 아이가 좋아하는 다른 악기를 찾아 줘야 한다. 영상번역도 이와 마찬가지다. 영상번역을 할 때 재미를 느낀다면, 그게 바로 적성에 맞는 것이다. 영상번역이 괴로운 사람은 영상번역가가 돼서는 안 된다.

이제부터 제시할 항목을 잘 살펴보고, 영상번역이 적성에 맞을지 생각해 보라. 개인마다 상황이 다르므로 절대적인 기준은 아니다.

1. 영화와 드라마 보는 걸 좋아해야 한다

영상번역가는 매일같이 영화나 드라마를 봐야 한다. 드라마만 보면 지루하고 하품이 나오는 사람이라면, 영상번역이 고문으로 느껴질 수 있다. 하루 종일 미드를 봐도 질리지 않는다면 일단 OK.

2. 혼자 있는 걸 즐길 줄 알아야 한다

영상번역가는 집에서 혼자 일해야 한다. 거래처 사람도 전화나 이메일만으로 연락하므로, 얼굴 보기가 매우 힘들다. 번역가 Y는 암막 커튼을 치고 낮에도 방을 밤처럼 깜깜하게 만들고 일한다. 식재료나 생필품도 온라인으로 대량 주문해서 쌓아 놓고, 며칠씩 집 밖에 나가지도 않는다. 사람 만나길 좋아하고 활동적인 사람은 집 안에만 박혀서 일하는 게 괴로울 수 있다.

3. 엉덩이가 무거워야 한다

'엉덩이 무거운 사람이 번역을 잘한다'는 말이 있다. 번역가는 매일같이 컴퓨터 앞에 진득이 앉아서 번역을 해야 한다. 한 시간만 앉아 있어도 좀이 쑤셔서 견디기 힘들다면 매일매일 고욕일 것이다.

4. 글쓰기를 좋아해야 한다

미드를 보는 건 좋아하지만, 정작 글 쓰는 것을 싫어한다면 곤란하다. 영상번역도 일종의 글쓰기이기 때문이다. 혹시 블로그를 운영하는가? 블로그에 글을 올리면서 사람들과 소통하는 게 즐거운가? 그렇다면 영상번역도 재미있게 느껴질 것이다. 글 한 줄만 써도 머리가 터질 듯이 아프다면, 번역하다가 쓰러질 수도 있으니 조심하자.

5. 집중력이 높고 꼼꼼해야 한다

영상번역은 마감일이 며칠에 한 번씩 돌아오므로 작업 속도가 빨라야 한다. 빠르게 작업을 끝내려면 고도의 집중력이 필요하다. 세세한 것까지 꼼꼼히 신경 써야 한다. 조금만 의문이 들어도 열심히 자료를 찾아보고 확인해야 한다. 모르는 걸 알 때까지 끈질기게 매달려야 한다.

6. 자기 관리를 잘해야 한다

영상번역가는 프리랜서로 일하기 때문에 생활이 나태해지기 쉽다. 수시로 낮과 밤이 바뀌고 식사 시간도 불규칙해질 수 있다. 출퇴근을 하지 않으므로 직장인들보다 움직이는 활동량도 극히 적다. 생활이 자유로운 대신, 폐인이 될 수도 있다. 그러므로 자기 관리를 잘해야 한다.

7. 불안정한 수입에 초연해야 한다

프리랜서로 일하다 보면, 수입이 불규칙하게 들어올 수 있다. 특히 초보 시절에는 일정한 수입을 벌어들이기 힘들다. 그러다 경력이 쌓이고 자리가 잡히면 안정적인 수입을 거둘 수 있다. 초보 시절에는 수입이 불안정하더라도 초연하게 잘 견뎌야 한다.

8. 조직 생활보다 자유가 좋다

회사에 취직했다가 조직 생활을 견디지 못하고 그만두는 사람들도 있다. 조직 생활보다 자유가 좋은 사람한테는 영상번역이 잘 맞을 수 있다.

리스닝 실력이 완벽해야 할까?

영상번역을 하려면 리스닝 실력이 완벽해야 한다고 생각하고 지레 겁먹는 사람들이 많다. 하지만 대본과 영상을 함께 보면서 번역하기 때문에 리스닝이 약하다고 미리 겁먹을 필요는 없다. 가끔씩 대본이 없어서 귀로만 대사를 듣고 번역해야 할 때도 있다. 이럴 경우, 리스닝에 자신이 없으면 일을 거절하면 된다. 거래처에서 번역 일을 의뢰할 때는 대본과 영상을 함께 제공하는 게 원칙이다. 대본이 없을 경우, 일을 거절한다고 해서 경력에 흠이 되진 않는다.

리스닝 실력이 뛰어난 번역가들은 대본을 보지 않고 영상만 보면서 귀로 대사를 듣고 번역하기도 한다. 그러나 정확하게 번역하려면 항상 대본을 꼼꼼히 봐야 한다. 예전에 다른 번역가가 작업한 영화를 감수한 적이 있었다. 대학에 다니기 위해 집을 떠나는 주인공을 그 어머니가 배웅하면서 이런 말을 한다.

벌레들은 다 챙겼어?

갑자기 뜬금없이 웬 벌레? 대본을 확인해 봤더니 'books'였다.

책은 다 챙겼어?

'books'를 'bugs'로 잘못 들은 것이다. 대본을 제대로 확인하지 않고 귀로만 듣고 번역해서 상황에 맞지 않는 오역이 나온 경우다. 리스닝 실력이 뛰어나다고 해도 자기 실력을 과신해서는 안 된다. 반드시 대본을 보고 번역해야 한다.

간혹 대본이 잘못된 경우가 있다. 영상에 나오는 대사와 대본에 적힌 대사가 다를 수도 있다. 대본에 대사가 빠져 있을 때도 있다. 이럴 때는, 귀로 대사를 듣고 번역해야 한다. 그러므로 평소에 리스닝 연습을 많이 해야 한다. 리스닝 실력이 정말 뛰어나면 대본을 일일이 보지 않아도 되므로 번역 속도가 훨씬 빨라진다.

외국어 전공과 어학 연수는 필수?

외국어를 전공하거나 어학 연수를 다녀오면 큰 도움이 된다. 하지만 요즘은 전공에 상관없이 영어를 기본적으로 공부하므로, 영어 이외에 다양한 분야의 지식을 갖춘 사람이 더 유리하다.

나는 중어중문학을 전공했다. 현재 중국어도 번역하지만 영어도 번역하고 있다. 영어를 전공하지 않았으면서 영어를 번역한다는 사실이 항상 마음에 걸렸다. '이렇게 계속 영어를 번역해도 되는 걸까?' 한번은 너무 답답한 마음에, 친한 번역가 H에게 고민 상담을 했다. 그랬더니 H가 뜻밖의 대답을 했다. "나도 영어 전공 안 했어. 불어 전공했는데?" 그 순간, 왠지 배신감마저 느껴졌다. 워낙 영어 번역을 잘하는 친구라서 당연히 영어를 전공했을 줄 알았기 때문이다.

또 한번은 번역가 J에게 영어권으로 어학 연수를 다녀오는 게 좋을지 물어봤다. "연수 다녀오는 것도 좋지만 국내에서도 얼마든지 공부할 수 있잖아. 나도 연수를 다녀왔지만 현지에서 배운 것보다 국내에 들어와 영화나 드라마 보면서 공부했던 게 더 큰 도움이 됐어."

그 뒤로 여러 번역가들과 얘기해 보니 정말이지 전공이 다양했다. 대학 간판은 그리 중요하지 않다. 영상번역가는 오로지 실력으로 인정받는다. 외국어 달인은 될 수 있어도 외국어 지존은 되기 힘들다. 외국어 공부는 최종 단계가 없기 때문이다. 끊임없이 공부해야 할 뿐이다. 어느 번역가도 스스로 외국어 실력이 최고라고 말하지 않는다.

외국어 전공이 아니라고, 혹은 어학 연수 경험이 없다고 망설일 것 없다. 외국어 실력을 쌓을 수 있는 방법은 얼마든지 많다. 처음부터 외국어를 잘하는 사람은 없다. 외국어 실력을 쌓고 싶다면, 꾸준하게 열심히 공부하는 게 최선이다.

앞에서 영상번역은 대학 간판이 중요하지 않다고 했다. 영상번역가는 오로지 실력으로 인정받는다고. 이렇게 말하면 "그럼 고등학교만 졸업해도 되나요?"라고 되묻는 이들도 있다. 원칙적으로 대답하자면, 번역 실력만 뛰어나다면 고등학교만 졸업해도 문제가 안 된다. 하지만 또 다른 문제가 남는다. 자신의 번역 실력을 어떻게 입증할 것인가. 4년제 대학을 졸업하고 어학 연수까지 다녀와도 번역 실력이 뛰어나다는 보장이 없는데, 고등학교만 졸업한 이가 '저 번역에 자신 있습니다.'라고 말할 때 업체 관계자가 쉽게 그 말을 믿을 수 있을까?

고등학교 졸업하자마자 영상번역가로 진로를 정하고 외국어 공부에만 집중하면 하루라도 더 빨리 영상번역가로 자리 잡을 수 있지 않을까 하고 기대하는 건 위험하다. 번역을 잘하려면 외국어 실력은 기본이요, 방대한 독서량, 그리고 다양한 인생 경험까지 갖춰야 한다. 집 안에서 혼자 책만 들여다보고 공부만 해서는 안 된다. 사회 속에서 다양한 사람들과 직접 부딪치며 경험하는 모든 것들이 번역 기초를 쌓는 발판이 된다.

영상번역을 투잡으로 할 수 있을까?

영상번역가는 프리랜서로 일하기 때문에 비교적 자유롭다. 그래서 직장을 다니면서 투잡으로 병행해 볼까 생각하는 사람들도 있다. 실제로 직장을 다니면서 영상번역을 병행하는 사람들도 있기는 하다.

하지만 직장을 다니면서 영상번역을 병행하기란 결코 만만치 않다. 영상번역가로 입문하려면 일정 시간 따로 공부를 해야 하는데, 직장을 다니면서 그러기가 힘들기 때문이다. 영상번역가로 일하다가 회사에 취직한 뒤 영상번역을 병행하는 건 얼마든지 가능하다. 하지만 영상번역을 전혀 모르는 직장인이 영상번역을 투잡으로 삼기에는 무리가 따른다.

영상번역을 애당초 아르바이트처럼 취급하는 경우가 있는데, 대부분의 영상번역가들은 아르바이트 삼아 번역을 하는 게 아니다. 영상번역이 바로 직업이다. 일반 기업에 취업하려면 취업 준비를 따로 해야 하듯이 영상번역도 따로 준비를 해야 한다.

직장을 다니면서 영상번역을 병행하는 번역가들의 경우, 평일에는 회사에 출퇴근하고 주말에 번역을 해야 하므로 자유 시간이 없다고 하소연을 한다.

주부의 경우도 마찬가지다. 영상번역을 하던 사람이 결혼한 뒤에 살림과 육아를 번역과 병행하는 경우는 많다. 하지만 살림에만 전념하던 주부가 영상번역을 배우기란 쉽지 않다. 아이까지 있으면 좀처럼 공부할 시간이 나지 않는다. 주부가 영상번역가가 되려면 보통 의지로는 안 된다.

다른 일을 하면서 영상번역을 병행하는 건 얼마든지 가능하다. 대신 영상번역 실력을 먼저 다진 뒤에 다른 일을 병행하는 게 좋다.

번역은 재능 기부가 아니다

오로지 열정과 성실함, 그리고 끈기로 버티는 이들이 있다. 영상번역이 좋아서 무작정 영상번역 업계에 뛰어든 사람들이다. 대우가 좋든 나쁘든 그런 건 전혀 개의치 않고 영상번역가로 입문했다는 사실만으로도 감사해하며 배운다는 생각으로 온갖 시련을 견딘다. 하지만 안타깝게도 열정과 성실함만으로는 1년 이상 버티기 힘들다. 아니, 6개월이나 제대로 버틸 수 있을지 장담할 수 없다. 영상번역에 강한 애착을 느끼고 열심히 실력을 쌓아 보려고 노력해도, 실력이란 생각만큼 빨리 늘지 않는다.

6개월 이전엔 다들 '열심히 노력하면 나도 되겠지.'라고 생각하지만 1년이 지나면서부터는 '난 역시 안 되나 보다.'하고 포기한다. 심할 경우엔 '난 무능한 인간이야.'라고 자학까지 한다. 이럴 경우, 결국 번역에 대한 꿈을 접고 다른 길을 찾는다. 영상번역가가 되고 싶다면, 열정도 중요하지만 자신의 실력을 냉정하게 평가해 봐야 한다. 물론 자신의 실력에 자신이 없다고 지레 포기할 필요는 없다. 실력이 부족하다고 느끼면 공부하면 된다.

예전에 영상번역가로 갓 입문한 후배 '나열정'이 나한테 조언을 구했다. 당시 나는 영상번역에 권태기를 느끼고 있던 차라, 온갖 나쁜 말만 늘어놨다.

"일은 재미있는데, 번역료가 너무 짜서 힘들어. 프리랜서로 일하니까 수입도 불안정하고. 특히 남자가 하기엔 더 힘들 거야. 결혼해서 가족 생계를 책임지려면 (이런 남녀 차별적 발언을 하다니, 그때 제대로 권태기였던 것 같다) 그냥 회사에 취직하는 게 좋지 않을까 싶다."

나열정은 1년도 안 돼서 회사에 취직을 했다. '역시 그럼 그렇지.' 그 뒤로 한동안 나열정과 연락이 끊겼다. 나는 번역 회사를 그만두고 프리랜서로 독립한 뒤, 정보를 얻기 위해 온라인 번역 카페에 가입했다. 바로 그곳에서 나열정을 다시 만났다. 나열정은 회사를 다니면서 영상번역을 계속 병행했다고 한다. 그 후배는 회사 일보다도 영상번역이 더 좋았고, 수입 면에서도 회사 월급보다 번역료 수입이 더 높았단다. 결국 나열정은 회사를 그만두고 영상번역가로 전업했다. 그 뒤 조건도 좋은 여러 거래처를 찾아서 현재까지 영상번역가로 일하고 있다. 남자가 영상번역을 하면 힘들 거라는 내 조언이 무색하게, 결혼해서 두 딸까지 낳고 번역료 수입만으로 잘 먹고 잘 산다!

그 후배를 보면서 생각했다. 열정이 있는 사람은 아무리 말려도 기어이 꿈을 이룬다는 것. 열정이 없으면 영상번역에 도전해 보라고 아무리 등 떠밀어도 꿈쩍도 안 한다는 것.

나는 영상번역가 되는 법을 묻는 사람들에게, 힘든 점을 먼저 말해 준다. 쓸데없는 환상을 깨도록 하기 위해서다. 내 말을 듣고 금방 포기하고 돌아서는 사람이 있는가 하면, 끝까지 도전하는 사람도 있다. 당신의 열정의 크기는 얼마나 되는가? 가만히 가슴에 손을 얹고 느껴 보라. 열악한 환경에도 불구하고, '죽어도 영상번역이 좋다'는 사람은 지금 당장 도전해도 좋다.

열정이 큰 사람은 이기기 힘들다. 자신이 좋아서 하는 일을 어떻게 말릴 수 있나? 하지만 열정이 있으니 일만 주면 '공짜'로라도 해 주겠다는 생각은 하지 말자.

나도 한때는 "넌 헝그리 정신이 강해."라는 말을 많이 들었다. 영상번역 회사에서 근무할 때 사장이 나만 보면 그런 얘기를 했는데 당시엔 그게 칭찬인 줄 알았다. 매사에 열심히, 성실하게 일한다는 뜻으로 하는 말이라고 생각했다. 그런데 지나고 보니, 그 헝그리 정신이 내 발목을 잡고 있었다.

"넌 여기 아니면 갈 데 없잖아? 네가 하고 싶어 하는 일이니까 네가 버텨야지."

'헝그리 정신' 밑바닥엔 이 생각이 짙게 깔려 있었다. 어느 순간부터 그 말이 '열정 페이'란 말로 대체됐다. "열정이 있다면 낮은 급료도 참아라!" 이런 열정 페이 때문에 수많은 젊은이들의 가슴이 멍들어 가고 있다. 번역 업계에서도 일부 업체가 초보들의 절실함과 열정을 빌미로 '열정 페이'를 지급하며 노동 착취를 한다. 실력이 부족한 상태에서 데뷔부터 하려고 한다면 자신감이 부족하기 때문에 업체가 그 점을 악용해도 꼼

짝없이 당하게 된다.

두렵고 자신 없으면 실력부터 쌓아야 한다. '일단 입문부터 하고 실력을 쌓으면 안 될까'라는 생각은 금물이다. 번역 업계는 철저하게 프리랜서 시스템으로 돌아가기 때문에 나 자신을 보호해 줄 안전망이 전혀 없다. 처음에 진입하기도 힘들지만, 일을 시작했다 해도 어느 날 갑자기 이유도 모른 채 일이 끊길 수도 있다. 그런데도 어디 가서 물어볼 수도, 항의할 수도 없다. 번역가는 직원도, 계약직도 아니므로 업체는 번역가를 책임질 의무가 없다. 낮은 번역료로 노동 착취를 당해도 정당하게 항의할 창구도 없다.

그러니 번역가 스스로 안전장치를 마련해야 한다. 그 안전장치라는 건 간단하다. 진짜 번역 실력이 뛰어나면, 그 순간 갑이 될 수 있다. 여기저기서 먼저 연락이 오며 매일같이 일이 쌓이고, 그중에서 일을 골라서 할 수 있다.

결론은 하나다. 번역도 아는 게 힘이다. 안다는 건 '지식을 안다'는 것도 포함되지만, 번역 시장 정보 같은 번역 외적인 상황도 포함된다. 많이 알수록 자신감이 생기고, 자신감이 생겨야 번역가로 당당하게 살아갈 수 있다. 마음속에 '열정'은 간직하되 '열정 페이'는 최대한 멀리하자!

이력서, 나를 알리는 첫걸음

영상번역가들 중에는 방송국과 직거래하는 경우도 있고, 영상번역 회사와 거래하는 경우도 있다. 하지만 방송국에서는 공개적으로 영상번역가를 구하지 않고, 대체로 인맥을 통해서 믿을 만한 경력자들을 찾는다. 영상번역가들 중에서도 방송국과 직거래하는 경우는 극히 드물다. 대부분 영상번역 회사를 통해서 일감을 받는다. 경력이 전혀 없는 초보가 방송국에 이력서를 보낸다고 해서 일감을 받기란 거의 불가능하다. 영상번역 회사를 통해 일감을 구하는 게 최선이다.

영상번역 회사들은 번역가를 구할 때 경력자를 선호한다. 영상번역은 외국어 실력만 뛰어나다고 해서 바로 일을 시작할 수 없다. 영상번역 기법을 따로 익혀야 한다. 업체에서는 경력이 없는 사람을 가르칠 만한 인력도, 여력도 없다. 그래서 바로 번역을 맡길 수 있는 경력자를 선호하는 것이다. 1년 이상 경력이 쌓이면, 새로운 거래처를 찾는 게 비교적 쉽다. 이력서만 내면 테스트를 거치지 않고 바로 일감을 주기도 한다. 업체에 따라서는 경력자도 테스트를 한 다음 일감을 준다.

경력이 없는 초보자들도 나 자신을 알리려면 이력서부터 보내야 한다. 가만히 앉아 있으면 누가 알아서 찾아와 일을 맡겨 주지 않는다. 영상번역 공부를 열심히 해서 실력을 쌓았다면 이력서를 써 보자. 전혀 공부를 하지 않은 상태에서 이력서를 쓰는 건 소용이 없다. 운이 좋아서 테스트 기회를 얻는다 해도 탈락할 가능성이 높다.

영상번역을 잘할 자신이 있는데, 여기저기 이력서를 보내 봐도 아무 연락이 없어서 힘이 쭉 빠지는가. 자기 실력을 못 알아보는 업체들이 원망스러운가. 하지만 그건 본인만의 착각이다. 자신의 실력을 객관적으로 입증하기가 힘들기 때문이다. 업체 입장에서는 초보 번역가의 실력을 평가할 수 있는 기준이 없다. 경력자의 이력서와 초보자의 이력서가 있다면 당연히 경력자의 이력서를 선택한다.

그래도 능력을 입증할 수 있는 건 이력서뿐이다. 최대한 공을 들여 이력서를 작성해야 한다. 단순히 학력과 자격증만 나열해서는 강한 인상을 줄 수 없다. 영상번역을 잘할 수 있다는 점을 강하게 어필해야 한다.

나는 번역 회사에서 근무할 때 수많은 이력서를 받아 봤다. 대부분 성의 없이 학력만 나열한 이력서였다. 그런 이력서는 바로 쓰레기통행이다. 본인이 영상번역을 잘하기 위해 어떠한 노력을 했는지 쓰는 게 더 효과적이다. 혹은 드라마를 10분 정도 번역한 뒤, 그 파일을 함께 보내는 건 어떨까. 번역 샘플을 보면 영상번역에 대한 감이 있는지 없는지 알 수 있다.

이력서를 작성했다면, 인터넷으로 영상번역 회사를 검색해 보자. 그럼 수많은 번역 회사들이 나온다. 회사 소개란을 꼼꼼히 들여다보면 그 회사가 어떤 방송국과 일하는지도 알 수 있다. 번역 회사는 비정기적으로 번역가를 모집하기 때문에 회사 사이트에 '프리랜서 등록란'을 마련해 둔다. 그곳에 이력서를 등록하면 된다. 바로 연락이 오지 않아도 실망할 것 없다. 나중에라도 번역가가 필요할 때 연락이 올 수도 있다. 프리랜서 등록란이 따로 없다면 사이트에서 이메일 주소를 찾아 이력서를 보내면 된다.

일부 업체에서는 경력이 없는 초보한테도 기회를 준다. 테스트를 거친 뒤 통과한 지원자에게 번역 일감을 준다. 테스트 방법은 회사마다 다르지만, 대체로 영상과 대본을 제공하고 번역하게 한다. 집에서 번역을 한 뒤 파일을 메일로 보내면 된다. 테스트 받을 기회를 얻으면 최대한 실력을 발휘해야 한다. 어렵게 얻은 기회를 놓쳐서는 안 된다. 다음 몇 가지 주의 사항을 기억해 두자.

첫째, 오역 없이 정확하게 번역하는 것이 기본이다. 둘째, 테스트를 보기 전 업체에 글자 수를 몇 자까지 허용하는지 꼭 확인하도록 하라. 업체마다 요구하는 조건이 다르지만 대체로 자막 한 줄당 16자를(띄어쓰기 포함) 넘어선 안 된다. 셋째, 딱딱한 문어체보다는 말하듯 자연스러운 구어체를 쓴다. 넷째, 맞춤법과 띄어쓰기를 정확히 지킨다. 맞춤법은 반드시 사전을 찾아서 확인하도록 한다. 맞춤법과 띄어쓰기가 엉망이면 신뢰를 얻기 힘들다.

영화제 지원하기

전주, 부천, 부산 국내 3대 국제영화제는 시험을 통해서 번역가를 선발한다. 경력이 있든 없든 전부 시험을 봐야 한다. 영화제가 개막하기 3-4개월 전에 번역가 모집 공고를 낸다. 각 영화제 사이트를 정기적으로 방문하면서 시험 일정을 미리 확인해야 한다.

1차로 서류 심사를 통과한 사람에게만 번역 시험을 볼 기회를 준다. 경력이 있는 번역가들은 1차 서류 심사를 무난하게 통과하긴 하지만, 경력이 오래됐어도 시험을 못 보면 탈락한다. 반대로 경력이 없어도 시험을 잘 보면 합격할 수 있다.

경력이 없는 사람들의 경우, 1차 서류 심사를 통과하는 게 가장 큰 난관이다. 대체로 영화제 주최 측에서 이력서와 자기소개서 양식을 제공하니 그 형식에 맞춰 작성하면 된다. 자기소개서를 쓸 때는 사적인 얘기보다는 영상번역 능력을 알리는 데 초점을 맞추는 게 좋다. 반드시 이력서와 자기소개서를 모두 작성해서 보내야 한다. 경력이 오래된 번역가라고 해도 자기소개서를 빠트리면 서류 심사에서 탈락하기도 한다. 세부적인 사항은 영화제마다 조금씩 다르기 때문에 각 영화제의 모집 요강을 잘 살펴봐야 한다.

1차 서류 심사를 통과하고 나면, 번역 시험을 봐야 한다. 2009년, 나는 부산 영화제 시험을 보기 위해 부천에서 부산까지 내려갔다. 시험 전날, 전국적으로 엄청난 폭우가 쏟아졌는데도 많은 사람들이 시험을 보러 부산까지 왔었다. 시험 시간은 두 시간이었다. 사전을 가져가는 게 허용됐지만 시간이 턱없이 부족했기 때문에 사전을 찾아볼 틈이 없었다. 암기하고 있는 어휘량이 많을수록 시험에 유리하다.

2009년도에는 영어 번역가 이외에 중국어 번역가도 모집을 했다. 나는 영어 시험과 중국어 시험 모두 응시했다. 영어 시험은 부산에서 봤지만, 중국어 시험은 집에서 봤다. 메일로 동영상과 대본을 받은 뒤, 답안지를 작성해서 다시 메일로 보냈다. 예전에는 부산, 부천, 전주 등 영화제 사무실까지 직접 찾아가 시험을 봐야 했지만, 요즘은 웹하드에서 영상과 대본을 다운받은 뒤 집에서 번역해 정해진 시간까지 제출하면 된다.

우선, 영화제 시험지를 엿보자. 영화제마다 시험지 형식이 다르지만 대체로 비슷하다.

번호	영어 대본 / 한글 번역	권장 글자 수
1	And then, one day.	5
2	I found myself in Paris with a friend	10

who announced that her goal for the week was to buy Kelly bag.

3　　　　　　　　　　　　　　　　　　15

영어 대본을 보고, 한글 번역 칸에 번역문을 쓰면 된다. '권장 글자 수'는 한글의 글자 수를 말한다. 가령, 5라고 적혀 있으면 글자 수가 5자를 넘으면 안 된다는 뜻이다. 권장 글자 수에서 한두 자 정도는 넘치거나 부족해도 되지만 글자 수를 정확히 맞추는 게 좋다. 띄어쓰기를 포함하지 않고, 글자 수만 세어야 한다.

예를 들어 보겠다. '나는 학교에 갔다'라는 문장을 보자. 띄어쓰기를 포함해서 글자 수를 세어 보면, 9자가 된다. 하지만 띄어쓰기를 포함하지 않고 글자만 세어 보면 7자가 된다. 영화제 시험을 볼 때는 빈 칸을 빼고 글자만 세면 된다.

권장 글자 수에 15라고 써 있다면, 한 줄에 15자까지 쓰라는 뜻이 아니다. 두 줄을 모두 합쳐서 15자가 넘으면 안 된다는 뜻이다. 영화제 영화는 자막 한 줄당 10자가 넘으면 안 된다. 권장 글자 수에 10자 이상이 적혀 있으면, 본인이 적당하게 두 줄로 나눠야 한다. 아래에 예를 들어 보겠다.

켈리백이 어떤 가방인지 잘 알 것이다 (×)
→ 10자가 넘는다.

**켈리백이 어떤 가방인지
잘 알 것이다** (○)

→ 두 줄로 줄바꿈을 한다.

    일단 시험에 통과하면, 약정서를 써야 한다. 약정서에는 번역가의 의무 사항, 번역료 지급 기준과 방법 등이 적혀 있다. 번역 파일은 대체로 일주일 내에 넘겨야 한다. 마감일을 넘기면 정해진 번역료에서 10-30%가 차감될 수도 있으니 마감일을 엄격하게 지켜야 한다. 사정이 생겨서 마감일을 지키지 못하면 미리 알려서 일정을 조정해야 한다.

    영화제에서는 '큐 타이틀'이라는 번역 툴을 이용한다. 영화제 주최 측에서 프로그램을 제공하고 사용 방법을 알려 준다. 사용 방법은 쉽게 배울 수 있다.

    예전에는 비디오 테이프와 종이 대본을 받아서 번역을 해야 했다. 번역이 끝나면 비디오 테이프와 종이 대본을 반드시 영화제 측에 반환해야 했다. 번역가 본인이 직접 사무소로 비디오 테이프와 대본을 갖다 주는 경우도 있고 택배를 이용해 주고받기도 했다. 하지만 요즘은 이메일로 동영상과 대본을 주고받는다. 번거롭게 영화제 사무실을 찾아갈 필요가 없다. 영화제 사무소와 집이 멀리 떨어져 있어도 편하게 집에서 일할 수 있다.

    영화제에서 한번 실력을 인정받으면 다음 해에 다시 번역 시험을 보지 않아도 계속 영화제 일을 할 수 있다. 시험에 통과

했다고 해도 제대로 번역을 하지 못하면 바로 일감이 끊긴다.

번역료, 알고 넘어가자

영상번역 업계의 번역료 현황을 파악해 두면 거래처를 찾을 때 도움이 된다. 번역 회사마다 번역료 책정 기준이 다르므로 대략적인 번역료 현황을 소개하겠다. 새 거래처와 거래를 시작할 때는, 항상 번역료 계산법을 정확히 파악해야 한다. "일만 준다면 번역료는 신경 쓰지 않겠어요." 이런 마인드는 금물!

1. 미드 번역료(자막 기준)

(1) 10분당 계산하는 경우

번역료를 10분당 계산하는 경우, 10분당 3만 원이 평균 번역료라고 할 수 있다. 경력이 없으면 10분당 3만 원 미만을 받을 수도 있다. 경력이 쌓이면 10분당 3만 원 미만으로 주는 곳과는 거래하지 않는 것이 좋다.

미드는 보통 40분가량이다. 10분당 3만 원이라고 할 때, 40분물을 번역하면 12만 원을 받는다. 간혹 42분일 수도 있고, 46분일 수도 있다. 이 경우 회사에 따라 번역료 계산법이 달라진다. 5분 이하는 따로 번역료를 계산하지 않는 곳도 있고, 5분이 넘으면 10분으로 계산해 주는 곳도 있고, 혹은 10분당 번역료의 절반으로 계산하는 경우도 있다. 또는 애당초 번역료를 1분당으로 계산하기도 한다.

(2) 편당 계산하는 경우

이 경우는 드라마 시간과 상관없이 무조건 같은 번역료를 지급한다. 드라마 한 편에 12만 원을 주는 곳이 있다고 쳐 보자. 여기서 한 편이라고 할 때는 60분을 기준으로 한다. 60분 이하일 때는 40분이든 50분이든 똑같이 12만 원이다. 하지만 60분이 넘어가면 10분당 번역료를 추가로 더 받는다.

2. 영화 번역료(케이블 채널 방송작, 자막 기준)

케이블 채널에서 방송하는 영화는 이미 극장에서 개봉된 영화들이다. 극장에서 개봉되지 않고 케이블 채널에서 최초로 방송되는 영화도 있다. 극장에서 개봉됐던 영화의 경우, 케이블 채널로 방송될 때 다른 번역가가 새롭게 번역을 한다.

영화는 드라마보다 대사량이 적은 편이다. 드라마는 대사로 내용을 전달하지만, 영화는 대사보다 영상을 위주로 내용을 전달하기 때문이다. (물론 영화 장르에 따라 대사량이 달라진다. 액션물과 공포물은 대사가 적은 편이다. 코미디나 로맨틱 코미디는 다른 영화 장르보다 대사가 훨씬 많다.)

드라마는 10분당으로 번역료를 계산하는 경우가 많지만, 영화는 120분 기준으로 계산하는 경우가 많다. 120분이 넘어가면 10분당 번역료가 추가된다. 드라마와 비교하면, 번역료가 낮게 책정된 곳이 많다.

3. 다큐멘터리 번역료(자막 & 더빙)

다큐멘터리 번역료 역시 드라마처럼 10분당 계산하거나 편당으로 계산한다. 다큐멘터리 번역은 드라마보다 전문적인 지식을 요구하기 때문에 드라마보다 번역료가 높다. 다큐멘터리 60분물을 기준으로 할 때, 12-30만 원 사이에 번역료가 형성되어 있다.

드라마나 리얼리티, 영화는 대부분 자막으로 제작이 되지만, 다큐멘터리는 더빙으로 제작되는 경우도 많다. 작품 전체를 더빙하는 경우도 있고, 내레이션은 더빙 처리하고 인터뷰 내용은 자막으로 처리하기도 한다.

같은 작품이라도 더빙인지 자막인지에 따라 번역료가 달라진다. 번역가마다 다르기는 하지만, 더빙 번역을 힐 내 시간이 더 많이 소요된다. 그래서 자막보다 더빙이 번역료가 높게 책정된다. 자막이든 더빙이든 상관없이 번역료를 똑같이 주는 곳도 많다. 그러므로 다큐멘터리 번역을 의뢰받을 때는 자막인지 더빙인지 확인하고 정확한 번역료를 확인해야 한다.

4. 영화제 번역료(자막 기준)

영화제 작품 번역료는 극장 개봉작보다는 낮지만, 케이블로 방송되는 작품들보다는 높다. 케이블로 방송되는 작품들은 대사가 많든 적든 번역료가 똑같지만, 영화제는 대사량에 따라 번역료가 달라진다. 대사가 많으면 번역료도 높아지고 대사가 적으면 번역료도 낮아진다. 세부적인 조건은 배제하고 시간으로만 번역료를 비교해 보겠다. 100분을 기준으로 했을 때, 케이블에서는 번역료가 20-35만 원인 반면, 영화제는 번역료가 50만 원 정도다. 대사량에 따라 70만 원까지 올라가기도 한다.

지금까지 소개한 번역료 현황은 대략적인 것이다. 여러 가지 변수가 많기 때문에 정확한 번역료를 콕 집어 말하기는 힘들다. 앞에서 제시한 액수보다 훨씬 적은 번역료를 주는 곳도 있고, 훨씬 높은 번역료를 주는 곳도 있다. 초보 번역가는 선택의 여지가 없기 때문에 10분당 3만 원 미만의 번역료를 받고 일하는 경우가 많다. 경력이 쌓이고 나면 10분당 3만 원 이상 주는 거래처를 찾아 옮겨야 한다.

새 거래처와 일을 시작하기 전에 번역료가 합리적인지 꼼꼼하게 따져 봐야 한다. 초보들은 어떻게든 경력을 쌓고 싶은 마음 때문에 터무니없이 낮은 번역료를 받고 일하기도 한다. 번역료가 10분당 2만 원 미만이라면 일을 하지 않는 게 좋다. 초보 번역가들의 절실함을 악용해 낮은 번역료를 제시하는 업체들이 있으니 주의하자. 낮은 번역료를 받고 일하는 번역가들이 많아지면 업계 전체적으로 번역료가 인하될 수도 있으므로, 결국은 본인한테 나쁜 영향을 미친다. 경력이 없어도 실력만 탄탄하면 제대로 된 대우를 받을 수 있으니 서둘러 데뷔하기보다는 실력부터 제대로 갖춰야 한다.

사실, 현재 영상번역 업계에 형성된 번역료는 합리적이라고 할 수 없다. 번역가가 일하는 가치에 비해 턱없이 낮게 책정되어 있다. 더군다나 내가 영상번역 업계에 발을 들인 지 15년이 지난 현재, 번역료가 인상되기는커녕 인하되고 있는 실정이다. 10년 동안 계속 물가가 올랐지만 번역료에는 전혀 반영이 되지 않았다. 영상번역 관련 업체들은 경기 불황을 핑계로 번역료부터 인하하려고 한다. 번역가는 직원도 아니고 계약서를 쓴 것도 아니라서 번역료를 인하한다고 해도 어쩔 수 없이 받아들여야 한다. 앞으로도 번역료가 계속 떨어진다면, 번역의 질도 함께 떨어질 수 있다. 이는 영상번역 업계는 물론이고, 영화와 미드를 소비하는 관객들과 시청자들한테도 손해다.

그래도 영상번역 업계 미래가 절망적이지만은 않다. 지난 10년 동안 번역료는 제자리걸음을 했지만, 그 외의 여건들은 많이 좋아졌다. 인터넷이 발달하기 이전에는 영상번역 환경이 더 열악했다. 인터넷이 없던 시절에는 자료를 조사하거나 사전을 검색하는 것도 제약이 많아서 번역 시간이 지금보다 더 오래 걸렸다. 지금은 인터넷 검색으로 자료를 쉽게 찾을 수 있기 때문에 좀 더 빠르고 정확하게 번역할 수 있다. 예전에는 대본이 컴퓨터 파일 형태가 아닌 종이 형태라서 번역가가 직접 가서 대본을 받아 오거나 우편으로 주고받았다.

　내가 영상번역 회사에 입사한 2001년 당시만 해도, 왼쪽에는 TV와 비디오 플레이어를 두고 오른쪽에는 컴퓨터를 둔 채 작업을 했다. 영상번역가가 업체에 직접 찾아가 비디오 테이프를 받거나 택배로 받아야 했다.

　10년이 흐르면서 작업 환경이 바뀌어, 이제는 비디오 대신 컴퓨터로 동영상을 보면서 번역한다. 요즘은 직접 업체 관계자를 만날 필요가 없다. 이메일로 동영상과 외국어 대본 및 번역 파일을 주고받으면 되기 때문이다. 그 덕분에 자연스럽게 시간과 비용이 절감된다.

　뿐만 아니라 직접 업체를 찾아갈 필요가 없어서, 인터넷만 연결되면 지방이든 해외든 장소에 구애 받지 않고 작업을 할 수 있다. 예전에는 TV와 비디오 플레이어를 짊어지고 나갈 수 없어서 집 안에서만 일해야 했다. 요즘은 노트북만 있으면 자신이 원하는 곳에 가서 작업할 수 있다.

　예전에는 신뢰성이 떨어지는 영상번역 업체가 많아서 번역료를 제대로 받지 못하는 사례가 많았다. 요즘은 번역료를 제대로 받지 못하는 경우는 드물다. 인터넷을 통해 번역가들끼리 정보를 공유하기 때문에 악질 업체들과 거래하는 일을 피할 수 있다. 상습적으로 번역료 지급 날짜를 지키지 않는 업체들은 오래 버티지 못한다.

쉬 어 가 기 번역 자격증 필요할까?

LICENSE

　온라인 번역 카페에 가 보면, 영상번역가 지망생들 중에서 번역 자격증이 필요하냐고 묻는 사람들이 많다. "영상번역가가 되려면 시험을 봐서 자격증을 따야 할까요?" 그럼 어김없이 영상번역가들이 적극적으로 말리고 나선다. "시험 보지 마세요. 영상번역은 자격증이 필요 없습니다."

　또 조금 지나면 같은 질문이 올라온다. 영상번역가들도 시험 볼 필요 없다고 말리다가 지칠 지경이다. 영상번역 시험을 봐서 자격증을 딴다고 해서 실력을 인정받는 게 아니다. 영상번역 업체에서도 자격증은 인정하지 않는다. '그래도 시험을 보는 게 도움이 되지 않을까?'라고 불안해하는 사람이 있다. 다시 말한다, 자격증은 필요 없다.

　이러한 상황은 출판번역에서도 마찬가지다. 번역 시험을 봐서 자격증을 딴다고 인정해 주는 출판사는 없다. 『나도 번역 한번 해볼까?』를 쓴 출판번역가 김우열도 책에서 번역 자격증이 필요 없다고 밝혔다. 온라인에서도 자격증이 필요 없다고 손가락이 닳도록 글을 올렸는데도 번역가 지망생들은 계속 같은 질문을 던진다.

　영상번역가가 되면 고액의 수입을 거둘 수 있다면서 시험을 보라느니 회원으로 등록하라느니, 그런 내용의 광고에 현혹돼서는 안 된다.

4부

영상번역, 공부해 볼까?

영어 교재를 선택하는 방법

 문법 공부는 기본이지만 문법에만 매달려서는 안 된다. 문법책은 한 권만 골라서 여러 번 반복해서 보는 게 좋다. 꼭 목차 순서대로 볼 필요도 없다. 금방 지루함을 느끼고 중도에 포기하는 불상사가 생긴다. 다시 마음을 다잡고 1장부터 시작한다. 그러다 다시 포기하고…. 그 과정을 반복하다 보면 결국 책 앞부분만 새카매진다. 부족하다 싶은 부분을 먼저 골라서 보자. 문법책은 항상 옆에 두고 공부하다 막힐 때마다 찾아보면 된다. 문법책을 선택할 때는 어려운 수준보다 중학교 수준의 문법책을 고르는 것이 좋다. 관건은 어휘력이다. 문법 공부는 단시간 내에 끝내고 원서를 많이 읽어서 어휘력을 늘려야 한다.
 미드나 영화를 번역하다 보면 문어체보다는 구어체를 많이 만난다. 내레이션이 들어가지 않는 한, 전부 대화로 이루어져 있기 때문이다. 그러므로 다양한 회화 표현이 담겨 있는 영어 학습서를 선택하는 게 좋다. 서점에 나가 보면 미드 표현을 정리한 책들을 쉽게 찾아 볼 수 있다. 대사들만 뽑아서 단어장처럼 쭉 정리한 책은 피하도록 한다. 한 문장만 따로 떼어서 외우는 건 소용없다. 같은 표현이라도 어떤 맥락에서 사용됐느냐에 따라 의미가 크게 달라지기 때문이다. 앞뒤 문맥을 이해할 수 있도록 짧게라도 줄거리를 설명해 둔 책이 좋다. 이러한 영어 학습서는 몇 권만 골라서 보조 교재로 활용해야 한다. 책에서 본 표현을 자기 것으로 만들려면 그 표현이 나온 미드를 통째로 보는 방법이 큰 도움이 된다.

요즘은 인터넷에 좋은 정보가 넘쳐나서 마음만 먹으면 방 안에서도 혼자 영어 공부를 할 수 있다. 유익한 온라인 강의를 비롯해 영어 고수들이 운영하는 영어 공부 사이트가 엄청나게 많다. 영어 학습과 관련된 사이트 몇 개만 골라서 즐겨찾기에 등록해 두면 영어 교재 열 권이 부럽지 않다. 두세 개 사이트만 골라서 열심히 들락날락거리며 공부하면 충분하다. 집에서 편하게 공부할 수 있는 영어 학습 사이트 두 개를 소개하겠다. 이 두 가지만 충실하게 보면 다른 교재는 필요 없다.

1. BBC Learning English

www.bbc.co.uk/learningenglish/

영국 공영방송 BBC에서 제공하는 영어 학습 사이트다. 뉴스부터 일상 회화까지 다양한 주제로 학습 코너가 마련돼 있으며, 스크립트와 음성 파일도 제공된다.

2. 넷플릭스 보기

www.netflix.com

넷플릭스에 가입해서 영화와 미드, 다큐 등을 장르별로 다양하게 감상해 보자. 넷플릭스의 장점은 따로 영상을 다운받아 볼 필요 없이 사이트에서 직접 볼 수 있다는 점이다. PC뿐만 아니라 모바일로도 감상할 수 있어서 이동 중에도 틈틈이 영상을 보기가 편리하다. 영어 자막과 한글 자막을 선택해서 볼 수 있고, 자막을 끄고 볼 수도 있다.

살아 있는 교재, 미드

영상번역가들한테 어떻게 공부했냐고 물어보면 똑같은 대답이 돌아온다. 미드를 보면서 공부했다는 말이다. 어학 연수나 취업을 준비하기 위해서라면 몰라도 영상번역을 하려고 토익이나 토플 같은 영어 시험에 집중할 필요는 없다.

영상번역 회사에 이력서를 넣을 때도 시험 점수는 참고 사항이지 번역 능력을 평가하는 절대적인 기준은 아니다. 영어 공부 방법은 목적에 따라 달라져야 한다. 영상번역을 하기 위해서라면, 토익 공부할 시간에 미드를 한 편 더 보는 게 좋다. 오래전부터 미드로 공부하기 열풍이 강하다. 영상번역가가 될 거라면 더 말할 필요도 없다. 첫째도 미드, 둘째도 미드다.

그렇다면 구체적으로 어떤 방법으로 공부해야 할까? 물론 다양한 장르의 미드를 많이 보는 게 좋다. 하지만 제대로 영어 실력을 쌓으려면 닥치는 대로 많이 보기보다는 한 작품을 골라서 무한 반복 하는 게 좋다.

많은 영상번역가들이 <프렌즈>를 공부하기 좋은 미드로 꼽는다. 내용도 재미있고 일상적인 표현이 총망라되어 있기 때문이다. 길이가 20분이라서 여러 번 반복해서 보기가 좋다. 처음부터 100분짜리 영화를 붙잡고 공부하려고 하면 쉽게 지치고 만다. 영상번역가가 아닌 영어 고수들도 영어 공부에 좋은 미드로 <프렌즈>를 추천한다.

<프렌즈>는 10시즌까지 있으니, 처음부터 그걸 전부 다 보겠다는 욕심은 부리지 않는 게 좋다. 순서대로 보지 않아도 되니 자신이 좋아하는 에피소드를 하나 골라라. 처음에는 자막 없이 보면서 대략적인 줄거리를 파악한다. 그다음 영어 자막을 띄우고 다시 본다. 그 후에 모르는 단어를 찾아 확인한다. 그리고 다시 영어 자막을 띄우고 본다. 그러면 내용이 훨씬 더 잘 이해될 것이다. 마지막으로, 자막을 없애고 다시 돌려 본다. 이 과정을 여러 번 반복하면 된다.

이 공부 방법이 몸에 익으면, 다른 미드를 선택해서 같은 방법

으로 공부해 보자. <프렌즈>만 고집할 필요는 없다. <프렌즈>는 1994년에 제작됐으니, 벌써 20년이 넘었다. 그 사이에 재미있는 미드가 얼마나 많이 쏟아졌는지 모른다. 어떤 미드를 선택하든 여러 번 반복해서 봐도 질리지 않을 만한 걸 우선 고르면 좋다.

한글 자막은 굳이 볼 필요 없다. 영어 자막을 보면서 번역해 보는 연습을 하는 것이 백배 좋다. 넷플릭스가 한국에 상륙하면서 다양한 미드를 합법적인 경로로 볼 수 있는 방법이 더 생겼다. 영상번역을 할 때 영어 대본을 보고 번역을 하지만, 대본에 대사가 빠져 있거나 잘못된 경우가 종종 있다. 이럴 경우, 영상번역가가 대사를 듣고 채워 넣어야 하기 때문에 평소에 리스닝 연습을 꾸준히 해야 한다.

영어 공부와 번역 공부를 동시에

조금만 인터넷을 검색해 보면 소설을 영화화한 작품을 쉽게 찾을 수 있다. 영화와 원작 소설을 함께 읽으면 좀 더 재미있게 영어 공부를 할 수 있다. 영화를 보고 나서 좀 더 자세한 줄거리가 궁금하다면 원작 소설을 보면 된다. 반대로 소설을 읽고 나서 머릿속으로 상상하던 장면이 스크린에 어떻게 표현됐을지 궁금하다면 영화를 찾아서 보면 된다. 영어 원서를 읽는 게 자신이 없다 싶으면 영화를 먼저 보고 영어 원서를 보는 게 낫다.

영어 원서를 한국 책처럼 빨리 읽는 방법을 제시해 화제가 된 『스피디 리딩』에서는 영화 <해리 포터> 시리즈를 먼저 보고 소설 『해리 포터』를 읽어 보는 방법을 추천했다. 영화를 보고 전체적인 줄거리를 알고 나서 원서를 읽으면 좀 더 쉽게 이해할 수 있기 때문이다.

굳이 <해리 포터>일 필요는 없다. 자신이 관심 있는 영화를 선택하면 된다. 이때 주의해야 할 점이 하나 있다. 소설을 영화화할 경우, 소설 내용을 그대로 옮긴 작품이 있는가 하면, 전혀 색다른 내용으로 각색한 작품도 있다. 영화와 소설 내용이 너무 다른 경우에는 영화와 원서를 함께 보는 게 큰 의미가 없다.

영화 <러브 스토리>는 소설과 줄거리 전개가 비슷하다. 영화를 보고 나서 소설을 읽으면 쉽고 빠르게 이해된다. 줄거리가 복잡하지 않으면서도 진한 감동까지 느낄 수 있어서 재미있게 공부할 수 있다. 정확한 영화 대본을 구해서 함께 보면 좋다. 스크린영어사의 SCREENPLAY 시리즈는 영화 대본을 통째로 소개하는 책이므로 영화를 교재 삼아 영어 공부를 할 때 도움이 된다.

로얄드 달(Roald Dahl)은 유명한 영국 소설가로 많은 아동 소설을 써 냈다. 영화 <마틸다>도 소설과 줄거리 전개가 비슷해서 원서와 비교하면서 보기가 좋다. 신비한 능력을 지닌 소녀 마틸다가 위선적인 어른들을 상대로 펼치는 복수극이 흥미진

진하고 통쾌하게 펼쳐진다. 소설 『마틸다』는 쉬운 영어 표현으로 이루어져 있어서 편하게 읽어 내려갈 수 있다. 로알드 달의 소설 중 『찰리와 초콜릿 공장』도 영화로 제작됐으니 영화와 소설을 함께 읽어 보자. <러브 스토리>와 <마틸다>는 영화와 영어 원서로 처음 공부를 시작하는 사람들이 부담 없이 다가갈 수 있는 작품들이다.

2010년에 공개된 <플립>은 한국에서 내내 개봉이 안 되다가 팬들 사이에서 재미있다는 입소문이 퍼지며 2017년이 되어서야 한국에서 개봉했다. 7살 때 처음 만난 소녀 줄리와 소년 브라이스의 풋풋한 사랑 이야기가 6년간 이어진다. 두 아이가 어찌나 사랑스럽던지, 영화가 끝나자마자 줄리와 브라이스가 내 옆에 있었다면 꼭 안아 주고 싶을 정도였다. 원작 소설이 있다는 걸 알고 바로 원서와 번역서를 사서 읽었다. 영화와 원작 내용이 비슷하면서도 영화에 표현되지 않은 이야기들이 책에 더 많이 담겨 있어서 읽는 재미가 쏠쏠하다. 영어 표현도 비교적 쉬워서 어렵지 않게 완독할 수 있다. 영화를 보고 원서를 읽고 직접 번역해 보고 번역서와 비교해 본다면, 영어 공부와 번역 공부를 동시에 해결하는 셈이다.

이 외에도 영화화된 영어 소설은 셀 수 없이 많다. 영화와 영어 소설을 함께 보면 영어 공부에도 도움이 되지만, 감동도 느끼고 생각할 거리가 생기므로 일석이조다. <더 리더: 책 읽어 주는 남자>와 <연을 쫓는 아이>도 영어 소설과 함께 읽기를 권

한다. 영어 원서 한 권을 다 읽는다는 게 생각처럼 쉬운 일이 아니다. 처음부터 끝까지 일일이 모든 단어의 뜻을 사전으로 찾아 가며 읽을 생각은 버려야 한다. 소설만 보고 이해되지 않는 내용은 영화를 보고 이해하면 된다. 그걸로도 부족하면 번역서를 읽고 나서 다시 원서를 읽도록 한다. 또한 영화를 볼 때는 한글 자막만 보지 말고 영어 자막을 찾아서 함께 봐야 한다.

원서와 번역서를 함께 비교해 보면서 정독을 하는 한편, 다독을 병행해야 한다. 번역가 지망생이라면 리딩에 가장 집중적으로 노력을 투자해야 한다. 리딩 실력을 탄탄히 쌓아야 정확하고 빠르게 번역할 수 있다. 일반적인 영어 공부라면 영어 원문을 읽고 이해만 하는 데서 그쳐도 되지만, 번역을 위한 공부라면 반드시 한국어로 옮기는 연습을 해야 한다.

기간을 정하고 그 안에 최대한 집중해서 공부하도록 한다. 하루에 한 시간씩 투자해서 2년 동안 공부하는 것보다는, 매일 10시간씩 투자해 1년 동안 공부하는 게 더 효과적일 수 있다는 뜻이다.

문어체보다 구어체

1. 슬랭도 공부하기

취업이나 대학 입학, 혹은 일상 회화 익히기를 목표로 영어 공부를 한다면, 굳이 슬랭을 공부할 필요가 없다. 하지만 영상번역을 하려면 '따로' 시간을 내서 슬랭도 공부해야 한다. 영화나 미드를 번역하다 보면 슬랭이 많이 나오기 때문이다. 한국 영화를 떠올려 보자. 극중 인물들이 항상 바르고 올바른 표준어만 구사하는가? 그렇지 않다. 욕설이나 속어를 비롯해, 표준어는 아니지만 사람들이 일반적으로 많이 쓰는 표현들이 나온다. 미드도 마찬가지다. 슬랭을 모르면 번역하기가 쉽지 않다. 슬랭을 공부할 때 도움이 되는 사이트 하나를 소개하겠다.

Urban Dictionary(http://www.urbandictionary.com)

영상번역가들이 자주 찾는 영문 사이트이다. 영어 사전에도 나오지 않는 슬랭의 뜻을 속 시원히 알려 준다. 미드로 공부하다가 생소한 슬랭을 만나면 주저하지 말고 이 사이트로 달려가 검색하자. 영상번역가로 입문한 뒤에도 이 사이트와 친하게 지내야 한다.

2. TV 끼고 놀면서 공부하기

TV를 열심히 보라. 공부 방법이 너무 시시한가? TV를 열심히 챙겨 보라니. 공부하는 건지 노는 건지 모르겠는가? 이게 바로 영상번역 공부의 묘미다. 지루하고 재미없게 공부하면 꾸준히 지속하기가 힘들다. 뭐든 즐겁고 신나게!

영상번역가는 구어체를 잘 구사해야 한다. 다큐멘터리를 제외하고 영화나 미드는 전부 캐릭터들 간의 대사로 이루어져 있다. 우리가 일상생활에서 대화를 나누듯이 자연스러운 구어체로 번역해야 한다.

구어체를 공부하려면 우선, 사람을 많이 만나서 그들의 대화를 귀 기울여 들어야 한다. 나는 전철을 타고 이동할 때도 사람들이 대화하거나 전화로 통화하는 걸 유심히 듣는다. (결코 남의 사생활엔 관심 없다. 다 공부를 위해서다. 믿거나 말거나.)

드라마나 뉴스, 예능 프로, 개그 프로 할 것 없이 TV 프로를 열심히 챙겨 봐야 한다. 드라마 대본을 구해서 보는 것도 큰 도움이 된다. 예능 프로는 자막을 많이 삽입한다. 그런 자막들도 봐 둬야 한다. 개그 프로를 보면서 유행어를 익히고, 가요 프로를 보면서는 가사 자막을 열심히 본다.

말은 끊임없이 변한다. 새로운 표현들이 나타났다 사라진다. 영상번역가는 그러한 흐름을 잘 파악하고 있어야 한다. 그러지 않으면 시대에 뒤처진 구닥다리 표현이나 썰렁한 농담을 쓰게 된다. 그래서 인터넷 용어도 틈틈이 익혀야 한다, 이러한 공부는 영상번역가로 입문한 뒤에도 지속해야 한다.

3. 읽고 또 읽고

책 읽기는 모든 것의 기본이다. 소설가, 드라마 작가, 시나리오 작가 등 글과 관련된 일을 하는 사람들은 무지막지하게 독서를 한다. 영상번역도 일종의 글쓰기다. 글을 잘 쓰려면 책을 많이 읽어야 한다. 다양한 표현을 익힐 수 있을 뿐 아니라 지식도 쌓을 수 있다. 장르를 가리지 말고 많이 읽어야 한다. 영어 실력을 쌓겠다고 영어 학습서만 봐서는 안 된다.

만화『미생』,『이끼』를 그린 만화가 윤태호는 한 인터뷰에서 교양 만화『오리진』을 집필할때, 팩트 체크를 하기 위해 자료를 보는 시간이 작업 시간보다 훨씬 더 길었다고 말했다. 마라톤 선수에서 철인삼종 선수로 전향한 내 동생은, 단 하루의 경기를 위해 몇 개월 동안 매일매일 훈련을 하곤 한다.

영상번역도 마찬가지다. 한 편의 영화나 드라마를 번역하기 전에 자료 조사를 충분히 해야 한다. 그래서 영상번역가로 입문한 뒤에도 꾸준히 책을 읽어야 한다. 하지만 일이 바쁘다 보면 책을 챙겨 볼 여유가 없어진다. 영상번역가로 입문하기 전에 최대한 많은 책을 읽어 둬야 한다.

만화도 가능한 많이 읽자. 영상번역과 비슷한 점이 많기 때문이다. 만화도 대부분 대화로 이루어져 있다. 또한 영상번역처럼 공간의 제약을 받는다. 만화는 그림과 대사가 한 컷에 함께 들어가기 때문에 문장을 무제한으로 길게 쓸 수 없다. 만화를 보면서 구어체를 익히는 한편, 통통 튀고 재치 있는 표현들을 수집해 보자.

글쓰기 훈련의 기본, 베껴 쓰기

'베껴 쓰기'는 '책 많이 읽기'에서 한 단계 더 발전한 공부 방법이다. 다양한 분야의 책을 많이 읽는 것만으로도 한국어 실력 쌓기에 도움이 된다. 하지만 눈으로만 읽고 머릿속에 담아 두는 것보다는 손을 움직여 직접 써 보고 몸으로 익혀야 완전히 자기 것으로 만들 수 있다. 유명한 소설가들도 처음에 글쓰기 공부를 할 때는 다른 유명 작가들의 글을 베끼고 또 베낀다. 번역가들 중에도 베껴 쓰기를 하는 경우가 많다.

베껴 쓰기 하는 방법은 간단하다. 책 한 권을 골라서 매일 조금씩 베껴 쓰면 된다. 공책에 베껴 써도 좋고, 워드 파일에 옮겨 쳐도 좋다. 중요한 건 매일 조금씩 꾸준히 하는 것이다. 매일 20-30분씩 한 문단씩만 베껴 써도 성공이다. 그것도 힘들면 10분만이라도 투자하자. 단 몇 줄이라도 직접 써 보는 게 좋다.

베껴 쓰기 할 때 유의할 점은 베껴 쓰기만 하고 덮어 버리면 안 된다는 것이다. 머릿속으로 아무 생각도 하지 않고 손만 움직이면 단순 노동밖에 되지 않는다. 반드시 베껴 쓰기를 마치고 다시 한 번 천천히 읽어 보면서 머릿속에 새기도록 한다. 베껴 쓰기는 한국어 공부뿐만 아니라 영어 공부에도 도움이 된다. 베껴 쓰기로 한국어와 영어 실력을 동시에 쌓고 싶다면, 영어 원서와 번역서를 함께 베껴 쓰기 하면 된다.

내가 베껴 쓰기 교재로 사용했던 『내 인생은 로맨틱 코미디 (노라 에프런 지음, 박산호 옮김)』를 예로 들어 보겠다. 『내 인생은 로맨틱 코미디』는 영화 <해리가 샐리를 만났을 때>의 각본을 쓴 유명 시나리오 작가 노라 에프런의 에세이집이다. 대표적인 로맨틱 코미디 시나리오 작가답게 통통 튀고 발랄한 내용이 마음에 들어서 영어 원서도 구입을 했다.

먼저 영어 원서를 눈으로 읽는다. 분량은 자기가 소화할 수 있을 만한 정도로 정한다. 한 문단만 읽어도 좋고, 10줄만 읽어도 좋다. 이때는 사전을 찾지 않는다. 눈으로 읽은 뒤, 공책이나 컴퓨터 파일에 옮겨 적는다.

And then, one day, I found myself in Paris with a friend who announced that her goal for the week was to buy Kelly bag. Perhaps you know what a Kelly bag is. I didn't. I had never heard of one. What is Kelly bag? I asked. My friend looked at me as if I had spent the century asleep in a cave.

번역서를 읽고 그 내용을 영어 밑에 베껴 쓴다.

And then, one day, I found myself in Paris with a friend who announced that her goal for the week was to buy Kelly bag. Perhaps you know what a Kelly bag is. I didn't. I had never heard of one. What is Kelly bag? I asked. My friend looked at me as if I had spent the century asleep in a cave.

한번은 켈리백을 사려고 파리에 간다는 친구를 따라나선 적이 있다. 당신은 켈리백이 어떤 가방인지 잘 알 것이다. 난 몰랐다. 이름도 들어 본 적이

없었다.

"켈리 백이 뭐야?"

친구에게 물었다. 그러자 그 친구는 마치 100년 동안 동굴에서 잠만 자다 나온 원시인을 보는 듯한 눈빛으로 나를 봤다.

이렇게 해 두면, 영어와 한국어를 한눈에 비교하기 좋다. 사전을 찾지 않고도 쉽게 내용을 이해할 수 있다. 전부 베껴 쓰고 나서는 꼭 다시 한 번 눈으로 읽어 본다. 모르는 단어는 사전을 찾아본다.

영어와 한국어 공부를 동시에 하고 싶다면, 영어 원서와 번역서를 함께 구해서 베껴 쓰기를 한다. 단, 이것과는 별도로 한국 소설도 베껴 쓰기를 해야 다양한 한국어 표현을 익힐 수 있다. 책 한 권을 처음부터 끝까지 베껴 쓰기가 부담스럽다면, 여러 가지 책을 골라서 자신이 좋아하는 내용만을 발췌해서 베껴 쓰기를 하면 된다.

처음 베껴 쓰기를 시작하는 사람들에게는 『베껴 쓰기로 연습하는 글쓰기 책(명로진 지음)』을 추천한다. 무엇을, 어떻게 베껴 써야 할지 모르겠다면 이 책을 참고하라. 베껴 쓰면 좋을 만한 작가들의 글을 소개하는 동시에, 직접 손으로 베껴 쓸 수 있는 공간이 마련돼 있다. 글을 잘 쓰는 방법도 함께 공부할 수 있다.

번역의 완성, 맞춤법

제발 맞춤법 좀 지키길 바래.

이 문장에서 맞춤법에 어긋난 표현은 무엇일까? '바래'를 '바라'로 수정해야 맞다. '바라다'와 '바래다'는 의미가 다르다. 국립국어원 표준국어대사전을 검색해 보면 다음처럼 풀이돼 있다.

바라다 생각이나 바람대로 어떤 일이나 상태가 이루어지거나 그렇게 되었으면 하고 생각하다.
예문) 요행을 바라다. 도움을 바라다. 너의 성공을 바란다.

바래다 볕이나 습기를 받아 색이 변하다.
예문) 색이 바래다. 종이가 누렇게 바래다.

'소망'이나 '희망'을 나타낼 때는 '~하길 바라'라고 표기해야 맞다. 하지만 우리는 일상생활에서 '~하길 바래'라고 많이 사용한다. '~하길 바래'라고 표기하는 게 맞다고 굳게 믿는 사람들도 꽤 많다.

이런 현상을 MBC 예능 프로 <무한도전>의 잘못으로 돌리는 의견도 있다. <무한도전>은 '빨리 친해지길 바래' '빨리 와주길 바래' '놀라 주길 바래' '화해해 주길 바래' 등의 특집 코너를 진행하면서 '~하길 바래'라는 말을 대유행시켰다. 이 표현은 <무한도전>의 트레이드마크처럼 굳어졌었다. <무한도전> 관련 기사를 검색해 보면 '바래'란 표현이 빠지지 않는다. 하지만 <무한도전>이 방송되기 이전부터, 많은 사람들이 '바라'보다 '바래'를 더 많이 사용하고 익숙하게 느꼈다. 케이블 채널 사이트의 시청자 게시판에는 '바라'가 틀렸다고 지적하는 글들이 종종 올라온다. "'네가 성공하길 바라'라는 자막을 봤는데요. '성공하길 바래'라고 써야 맞지 않나요? 수정해 주세요."

그러면 방송국 관계자가 '바라'가 표기에 맞다고 답글을 올린다. 하지만 며칠이 지난 뒤 또 다른 시청자가 '바라'가 틀렸다고 지적하는 글을 올린다. 이러다 보니 '바라'란 표현을 일부러 쓰지 않는 번역가들도 많다.

네가 성공하길 바라
수정) 네가 성공하길 빌어, 네가 성공하면 좋겠어.

이런 식으로 다른 표현으로 대체하는 것이다. 실생활에서 '~하길 바라'라고 말하는 사람은 거의 없다. 그렇게 말하거나 쓰면 손발이 오그라들 만큼 어색하다. "다들 '바래'라고 말하는데, '바래'라고 표기하면 안 되나?" 이렇게 말할 수도 있겠다. 하지만 맞춤법도 법이다. 말할 때는 맞춤법을 지키지 않는다고 해도 글로 쓸 때는 맞춤법을 따라야 한다.

내가 영상번역 회사에 들어가서 제일 먼저 배운 일은 맞춤법 확인이었다. 그때까지만 해도 영상번역은 책 번역과 달리 맞춤법을 엄격하게 지키지 않아도 된다고 생각했다. 우리가 평소에 말하듯이 구어체로 쓰면 되는 줄 알았다. 하지만 나만의 착각이었다.

모든 단어를 일일이 사전 찾아가며 맞춤법을 확인하는 직업은 어렵고도 지루했다. 그전까지 맞춤법만을 따로 공부한 적이 없었지만 맞춤법을 잘 안다고 자부했었다. 그 근거 없는 자신감은 금방 무너졌다. 영어 단어장을 만들어 가며 공부해 보긴 했어도, 한글 맞춤법을 공부하려고 단어장을 만든 건 그때가 처음이었다. 맞춤법 책도 사서 열심히 들여다봤다.

그런데도 맞춤법을 자꾸 틀려서 매일같이 상사한테 와장창 깨졌다. 한번은 '날개죽지'라고 썼다가 눈물이 쏙 날 만큼 된통 혼났다. '날갯죽지'가 표준어였던 것. 그 이후로 그 단어는 내 머릿속에 콕 박혔다. 맞춤법과의 전쟁은 한동안 계속되었다. '맞춤법 좀 어기면 어때? 영상번역이 무슨 예술도 아닌데 맞춤법이 대수야? 말하는 것처럼 쓰면 되지 않나?' 이렇게 생각했지만 영상번역에서도 맞춤법이 중요했다.

항상 온라인 국어사전을 검색해야 한다. 그런데 사전들마다 기준이 제각각이라서 혼란을 야기한다.

예를 들어, 'Siamese twins'를 검색하면 두산백과에는 '시암쌍둥이'라고 나오지만 네이버 영어사전에는 '샴쌍둥이'라고 나온다. 그러니 사전을 검색할 때 기준을 정해야 한다. 나는 국립국어원 사전을 기준으로 삼는다.

상황에 따라 띄어도 되고 붙여도 되는 단어가 있는가 하면, 반드시 띄어쓰기를 지켜야 하는 단어가 있다. 의존 명사 '것'은 항상 띄어 써야 한다.

번역가가 되겠다면 맞춤법 관련 책을 옆에 두고 수시로 들춰 봐야 하며, 항상 국어사전을 꼼꼼하게 검색해야 한다. 번역의 완성은 맞춤법이다. 번역을 잘해 놓고도 맞춤법이 엉망이면 다 소용없다.

영상번역 감 익히기

어떤 분야든 처음 공부를 시작할 때는 모방하기부터 시작해야 한다. 소설가가 되려면 소설을 많이 읽고, 영화감독이 되려면 영화를 많이 봐야 한다. 영상번역도 마찬가지다. 현직 영상번역가들이 번역한 작품을 많이 봐야 한다.

인터넷에서 자막을 다운 받아서 보는 건 소용이 없다. 인터넷에 업로드된 자막들은 영상번역가가 제작한 것이 아니라 아마추어가 제작한 것이다. 인터넷 자막은 글자 수 제한을 엄격하게 지키지 않고 방송에서 허용되지 않는 표현도 자유자재로 쓰기 때문에 영상번역 공부를 하기에 적합하지 않다. 케이블 채널로 방송되는 미드나 영화는 사후 심의를 거친다. 방송에서 허용되는 표현이 따로 있다는 뜻이다.

새내기 영상번역가의 경우, 자신이 번역한 작품이 TV로 방송되는 걸 챙겨 보면 큰 도움이 된다. TV 화면으로 자신이 번역한 자막을 보면 부족하거나 고쳐야 할 점이 더 잘 보인다. 또한 감수자가 어떤 표현을 수정했는지 알 수 있어서 나중에 번역할 때 참고할 수 있다.

케이블 채널을 챙겨 보는 한편, 틈틈이 극장에 가서도 영화를 봐야 한다. 케이블 채널용 자막과 극장용 자막은 여러모로 차이점이 있다. 극장 자막은 케이블 자막에 비해 글자 수가 더 적다. 케이블에서 허용되는 표현과 극장에서 허용되는 표현도 다르다. 극장에 갈 여유가 없다면 굿다운로드 사이트에서 영화를 다운받아 보면 된다. 극장에서 상영됐던 자막을 그대로 볼 수 있다. IPTV나 넷플릭스, 왓챠 같은 플랫폼이 늘면서 영화를 볼 수 있는 경로가 다양해졌다.

부산 영화제, 부천 영화제 등 1년 내내 갖가지 영화제들이 열린다. 영화제 자막은 일반 개봉작 자막과는 또 다르다. 일반 개봉작은 철저하게 상업적이라면 영화제는 마니아적 성격이 강하다. 일반 개봉작 자막은 대중성에 초점을 맞추어 유행어나 속어도 적극적으로 사용한다. 반면에 영화제 자막은 과도한 의역보다는 원문에 충실한 직역을 선호한다.

극장 개봉작인지, 영화제 상영작인지, 케이블 방송작인지에 따라 번역 기법을 달리 해야 한다. 평소에 케이블 채널 방송작, 일반 개봉작, 영화제 상영작을 두루두루 봐야 한다.

쉬 어 가 기   원판 불변의 법칙

MAKEOVER?

결혼식을 앞두고 웨딩 촬영을 할 때 사진사가 그런 말을 했다. "피부색 같은 거야 얼마든지 포토샵으로 보정할 수 있지만 표정이 나쁘면 어떻게 손을 볼 수가 없어요. 그러니 환하게 웃으세요." 이런 걸 가리켜 '원판 불변의 법칙'이라고 한다.

번역도 마찬가지다. 영화 대사가 촌스러우면 번역도 촌스럽게 나온다. 번역이 엉망이면 감수를 거쳐도 티가 난다. 영화사에서 내용이 형편없는 영화를 수입해서는 번역가에게 자막으로 웃겨 달라거나, 분위기를 세련되게 바꿔 달라고 요구하기도 한다. (번역가는 신이 아니거늘.) 한편, 번역을 발로 해 놓고 감수자가 알아서 잘 다듬어 주겠지라고 생각하는 번역가도 있다. (감수자는 성형외과 의가 아니거늘.)

기교 부리지 않고 원문 그대로 옮겨도 그 자체로 명대사가 되는, 그런 영화를 만나는 게 영상번역가한테는 가장 큰 행운이다. 수정할 게 거의 없어서 감상하듯이 쭉쭉 볼 수 있는 번역문을 만나는 게 감수자한테는 가장 큰 행운이다. (감수가 빨리 끝날수록 퇴근 시간이 빨라지나니. 아멘.)

아름다운 걸 더 돋보이게 꾸밀 수는 있지만, 형편없는 걸 더 좋게 다듬는 건 힘든 법이다. 번역을 할 때는 '원판 불변의 법칙'을 항상 기억하자.

5부

영상번역 실전 팁

시간과 공간의 제약이 있는 영상번역

영상번역과 출판번역의 차이점을 살펴보면 영상번역의 특성을 쉽게 이해할 수 있다.

1. 시간의 제약

독자가 책 한 권을 사서 읽는다고 해 보자. 첫 장을 여는 순간부터 잠시도 책에서 눈을 떼지 않고 단숨에 읽어 나간다. 며칠에 걸쳐서 조금씩 읽어도 상관없다. 어려운 내용이 나오면 몇 번씩 반복해서 읽어도 된다. 읽다가 앞 내용이 기억이 안 나면 앞으로 돌아가 다시 읽을 수도 있다.

하지만 극장에서 상영하는 영화는 어떤가? 스크린 위에 자막이 몇 초간 떴다가 사라지므로 그 시간 안에 자막을 다 읽어야 한다. 다 읽기도 전에 자막이 사라져도 화면을 멈추거나 다시 돌려 볼 수 없다. 자막 내용이 이해가 되지 않았다 해도 역시 돌려 볼 수 없다.

이 시간적 제약 때문에 영상번역만의 특수성이 생긴다. 바로 글자 수 제한이다. 제한된 시간 내에 자막을 다 읽고 내용을 이해할 수 있어야 하기 때문이다. 자막은 5초 이내에 떴다 사라지므로 문장이 너무 길면 안 된다. 영상번역가는 어떻게 하면 한 자라도 더 줄일 수 있을까 고민할 수밖에 없다. 아무리 감동적이고 아름다운 표현으로 번역했다고 해도 관객이나 시청자가 자막을 미처 다 읽지 못한다면 아무런 소용이 없다.

2. 공간의 제약

출판번역은 A4지 몇 장 이내로 번역해야 한다는 제약이 없다. 원문의 길이보다 터무니없이 짧거나 길어져선 안 되지만 공간의 제약을 크게 받지 않는다. 그래서 상황에 따라 보충 설명이 필요하다 싶으면 번역주를 덧붙일 수도 있다. 반면, 영상번역은 그럴 수 없다. 자막은 스크린 하단에만 삽입할 수 있다.

영상과 자막을 함께 봐야 하기 때문에 그런 제약이 없으면 자막이 스크린 전체를 뒤덮을 수도 있다. 자막이 세 줄만 돼도 공간을 많이 차지해서 영상을 제대로 감상할 수 없다. 또한 자막은 짧게는 1초, 길게는 5초 정도 떠 있다가 사라지므로 문장을 길게 쓸 수 없다. 이렇듯 영상번역의 가장 큰 특징은 원문의 의미를 자막 두 줄이라는 한정된 공간에, 정해진 글자 수에 맞취 옮겨야 한다는 것이다.

이러한 특수성 때문에 출판번역과는 번역 기법이 달라진다. 글자 수를 맞추느라 의미를 압축하고 생략하는 경우가 많아서 원문을 훼손하거나 왜곡한다는 질타를 종종 받는다. 하지만 영상번역의 특수성을 감안하면 왜 그런 현상이 일어나는지 이해할 수 있다. 실제로 어떻게 다른지 예를 살펴보자.

> **<섹스 앤 더 시티 2시즌 1화> 중**
>
> When you live on a tiny island like Manhattan, the odds of bumping into the one who broke your heart are incredibly high. The odds of bumping into him when you look like shit are even higher. After a breakup, certain streets locations even times of day are off limits. The city becomes a deserted battlefield, loaded with emotional land mines. You have to be very careful where you step, or you could be blown to pieces.

위 문장은 미드 <섹스 앤 더 시티>에서 발췌한 것이다. 섹스 칼럼니스트로 나오는 여 주인공 캐리가 한때 사랑했던 연인 미스터 빅과 헤어진 뒤, 실연의 아픔을 겪는 내용이다. 다른 사람과 대화를 나누는 게 아니라 자신의 생각을 내레이션으로 말하는 부분이다. 출판번역이라면 위 문장을 어떻게 번역할지 보자.

<출판번역의 예>

맨해튼처럼 자그마한 섬에 살다 보면, 날 걷어찬 남자와 마주칠 확률이 굉장히 높다. 내 몰골이 엉망일 때 마주칠 확률은 그보다 백배 더 높다. 이별하고 나면 그 남자와 함께 다녔던 거리와 장소는 물론이고 그 시간대까지 피해 다닌다. 전쟁이 끝난 폐허처럼 도시 곳곳에 옛 추억이 지뢰같이 묻혀 있다. 조심하지 않으면 옛 추억을 건드려 가슴이 터지는 사태가 벌어진다.

<섹스 앤 더 시티 2시즌 1화>

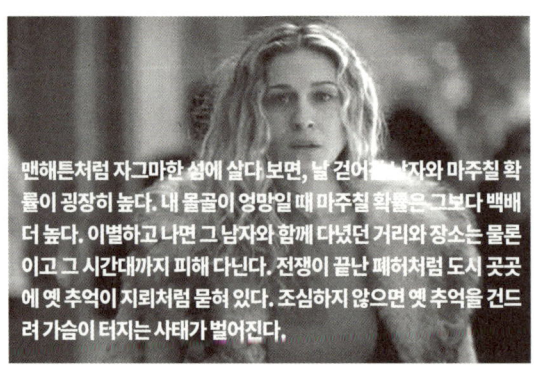

위와 같은 영상을 볼 엄두가 나는가? TV 화면에 저런 식으로 자막이 떴다가는 시청자들이 방송국에 당장 항의할 것이다. 한참 떠 있는 자막을 읽느라 화면을 제대로 감상할 수조차 없으니 말이다. 영상번역은 번역만 한다고 끝나는 게 아니다. 화면에 두 줄로 자막을 삽입할 수 있도록 문장을 적절하게 나눠야 한다. 영상번역가는 이 능력까지 갖춰야 한다. 이번에는 같은 원문을 영상번역 방식으로 옮겨 보겠다.

<영상번역의 예>

맨해튼처럼 작은 섬에
살다 보면

헤어진 애인과 마주칠
확률이 굉장히 높다

내 몰골이 엉망일 때
마주칠 확률은 더 높다

이별한 뒤 함께 다녔던
거리와 장소는 물론이고

그 시간대까지
피해 다닌다

도시 곳곳에 전쟁터처럼
감정의 지뢰가 묻혀 있다

자칫 그 지뢰를 밟았다가는
만신창이가 될지도 모른다

위 표에서 보다시피, 영상번역은 번역문을 두 줄씩 나눠야 한다. 영상번역 문장은 출판번역 문장에 비해 좀 더 짧다. 영상번역은 글자 수 제한이 있기 때문에 불필요한 수식어를 생략하거나 압축해서 자막 길이를 줄인다. 영상번역가는 아무리

근사하고 멋진 표현을 생각해 냈다 해도 글자 수가 넘치면 과감하게 문장을 가지치기해야 한다. 자막이 몇 초간 떠 있다 사라지게 할 것인지도 판단해야 한다. 이런 면에서 영상번역가는 편집 능력도 갖춰야 한다.

사진에서 보듯이, 자막은 화면을 많이 가리지 않도록 아래쪽 중앙에 삽입된다. 그러므로 영상번역가는 자막을 적절하게

두 줄씩 나누어 영상과 어우러지게 해야 한다. 자막을 영상에 입히는 작업은 자막 편집가가 담당하지만, 자막을 어떻게 나눌 것인지는 영상번역가한테 달렸다. 영상번역가가 이 작업을 '제대로' 하지 못하면 자막을 영상에 '제대로' 삽입할 수 없다.

3. 글자 수 제한

영상번역은 시간적, 공간적 제약 때문에 자연스럽게 글자 수 제한이 생긴다. 케이블 방송국마다 조금씩 차이가 있긴 하지만, 대체로 띄어쓰기를 포함해서 자막 한 줄에 16자까지 허용한다. 자막은 최대 두 줄까지 쓸 수 있다. 쉼표와 물음표, 느낌표 같은 부호는 반 글자로, 빈 칸은 한 글자로 계산한다. 방송국에 따라 빈 칸을 반 글자로 계산하기도 한다. 하지만 빈 칸을 한 글자로 계산해도 큰 무리는 없다.

나는 학교에 간다

→ 빈 칸까지 포함해 9자.

엄마, 어디 가요?

→ 부호는 반 글자이므로 쉼표와 물음표를 합치면 한 글자다. 총 9자.

자막 한 줄에 16자가 넘으면 줄 바꿈을 해서 두 줄로 만든다.

나는 밥을 먹은 뒤 학교에 간다

→ 총 17자다. 16자가 넘기 때문에 두 줄로 바꿔야 한다.

수정)
나는 밥을 먹은 뒤
학교에 간다

자막을 두 줄로 만들 때도 원칙이 있다. 첫째, 구절 단위로 나눠서 줄 바꿈을 해야 한다. 둘째, 꾸미는 말과 꾸밈을 받는 말은 함께 붙어 다니는 것이 좋다. 셋째, 문장부호가 한 줄에 두 개 이상이 되면 줄 바꿈을 한다. 나쁜 예와 좋은 예를 비교해 보자.

나쁜 예	좋은 예
나는 밥을 먹은 뒤 학교에 간다	나는 밥을 먹은 뒤 학교에 간다
새빨간 장미가 금방 시들었다	새빨간 장미가 금방 시들었다
아버지가 그럴 리가 없다	아버지가 그럴 리가 없다
정말로 꿈에도 생각 못 했다	정말로 꿈에도 생각 못 했다

아저씨, 잠깐만요, 기다리세요	아저씨, 잠깐만요 기다리세요
어머나, 깜짝이야, 놀랐잖아	어머나, 깜짝이야 놀랐잖아

이렇듯 문장을 줄 바꿈 할 때는 의미 단위로 나눠야 한다. 그래야 읽기도 쉽고 보기에도 깔끔하다.

글자 수가 16자가 넘지 않아도 자막을 두 줄로 만드는 게 좋다. 문장 길이가 길면 시선을 그만큼 좌우로 많이 움직여야 한다. 하지만 두 줄로 만들면 자막 길이가 짧아져서 시선을 많이 움직이지 않아도 된다. 문장이 한눈에 들어오기 때문에 금방 읽고 이해할 수 있다. 다음 페이지의 예시 사진을 보자.

<예시 1>

<예시 2>

<예시 1>보다 <예시 2>가 더 읽기 편하다. <예시 1>의 자막 글자 수는 16자가 넘지 않는다. 하지만 좌우로 눈을 많이 움직여야 한다. <예시 2>처럼 두 줄로 만들면 더 간결해지고 한눈에 들어온다.

　문장을 무조건 두 줄로 만들라는 뜻은 아니다. 짧은 문장은

그냥 한 줄로 두는 게 좋다.

나쁜 예	좋은 예
나는 학교에 간다	나는 학교에 간다
엄마 저예요	엄마, 저예요
그럴 리가 없다	그럴 리가 없다

영상번역의 핵심, 스파팅

영상번역가는 대사를 적절하게 나누는 능력을 갖춰야 한다고 말했다. 화면에 자막을 삽입할 수 있도록 대사를 끊는 작업을 '스파팅'이라고 한다. 다른 표현으로 '호흡 나누기', '호흡 끊기'라고도 한다.

영상번역은 번역을 시작하기 전에 스파팅 작업부터 해야 한다. 스파팅을 하지 않으면 번역 단계로 넘어갈 수 없다. 처음 영상번역을 접하는 사람들은 스파팅 작업을 어려워한다. 영화제에서는 이미 스파팅이 된 대본을 주기 때문에 번역가가 따로 스파팅을 하지 않아도 된다. 그 외의 경우에는 대부분 번역가가 스파팅을 한다. 영상번역을 하려면 스파팅 작업을 능숙하게 할 줄 알아야 한다.

1. 두 명 이상이 대화를 할 때

두 명 이상이 대화를 한다고 생각해 보자. 짧은 말을 주거니 받거니 하는 상황이면 스파팅 하기가 쉽다.

캐리: 대체 왜 그런대?
샬롯: 나도 모르겠어

캐리와 샬롯이 한 마디씩 주고받는다. 이럴 때는 스파팅을 하기가 쉽다. 그저 두 사람의 대사를 나눠 주면 된다. 자막을 화면에 삽입하는 것은 번역가가 하는 일이 아니다. 하지만 자막을 화면에 삽입할 수 있도록 번역가가 적절하게 나눠야 한다. 위 대사가 화면에 어떻게 들어가는지 살펴보자.

 만약 캐리가 말을 끝내자마자, 샬롯이 바로 이어서 말을 한다면? 캐리와 샬롯의 대사가 1초 만에 떴다 사라져야 한다면? 캐리와 샬롯의 대사를 화면에 동시에 띄워야 한다. 그렇게 하지 않으면 자막을 다 읽기도 전에 깜박 하고 사라져 버리기 때문이다. 스파팅을 할 때는 자막이 떴다 사라지는 시간을 고려해야 한다. 항상 시청자 입장을 생각하라. 시청자가 자막을 볼 때 불편함 없이 읽을 수 있어야 한다. 자막을 다 읽기도 전에 사라져 버려도 안 되고, 자막이 너무 오래 떠 있어도 안 된다. 두 사람의 대사 자막을 한 화면에 삽입하려면 대사 앞에 '-' 표시를 해야 한다.

두 사람의 대사를 동시에 자막으로 띄울 때 주의할 점이 있다. 정말 시간이 촉박하지 않은 이상, 두 사람의 대사는 둘로 나눈다. A가 대사를 하는데 B의 대사를 동시에 자막으로 띄우면, 다음 내용을 미리 알려 주는 스포일러가 되므로 긴장감이 떨어진다.

형사 1: 범인이 누구지?

시청자가 이 자막을 본다면, 범인이 누구일지 궁금해하며 바짝 긴장할 것이다.

형사 2: 바로 너잖아!

시청자는 형사 2의 대사 자막을 보고 이렇게 생각할 것이다.

'형사 1이 범인이었어? 반전인걸. 전혀 범인 같지 않았는데.'

그런데 두 사람의 자막을 동시에 띄운다고 생각해 보자.

- 범인이 누구지?
- 바로 너잖아!

형사 1이 말을 하고 있는데 형사 2의 대사가 동시에 자막으로 떴다. 이렇게 하면 뒤 내용을 미리 알게 돼서 김이 빠진다. 두 사람의 대사를 동시에 띄울지 말지 항상 신중하게 판단해야 한다. 수사물이나 추리물처럼 긴장감을 유지해야 하는 작품을 번역할 때 이 점을 더욱 염두에 둬야 한다.

2. 대사가 길면 둘로 나눈다

극중 인물이 혼자서 주절주절 길게 얘기한다고 가정해 보자. 그 내용을 한꺼번에 자막으로 띄울 수 없기 때문에 대사를 나눠 줘야 한다. 미드 <문라이트> 1시즌을 예로 들겠다.

<문라이트> 1시즌 1화에서

1. 스파팅을 하기 전

I often wonder what it would be like if I had the opportunity to explain myself. But that's just a fantasy. Here's the reality. You sleep alone. You keep your secrets hidden. Everyone says they're open-minded, everyone tries to accept people who are different from them.

2. 스파팅을 한 후

I often wonder what it would be like if I had the opportunity to explain myself. (3초)

But that's just a fantasy. (1초)

Here's the reality. (1초)

You sleep alone. (1초)

You keep your secrets hidden. (1초)

Everyone says they're open-minded, (2초)

everyone tries to accept people who are different from them. (3초)

스파팅 하기 전 대사를 보자. 저 상태로는 화면에 자막을 삽입할 수 없다. 두 줄씩 자막을 넣어 주려면 대사를 나눠야 한다. 스파팅을 한 후 대사를 보자. 각 문장 끝에 적어 둔 시간은 자막이 떠 있는 길이를 뜻한다. 전부 5초 이내다. 최대 5초를 넘지 않는다. 자막이 5초 넘게 떠 있으면 지루한 느낌이 든다. 5초를 넘기면 자막을 두 번씩 읽고도 남을 시간이다. 영상과 자막을 함께 봐야 하기 때문에 자막이 오래 떠 있으면 그만큼 시선을 자막에 빼앗긴다. 그러면 영상을 제대로 감상할 수 없다.

> **<문라이트> 1시즌 1화에서**
>
> **스파팅을 한 후 번역하기**
>
> **나에 대해 설명할 기회가 있다면
> 어떨까 종종 상상한다**
>
> **하지만 판타지에 불과하다**
>
> **현실은 딴판이다**
>
> **매일 홀로 잠들고**
>
> **비밀을 간직해야 한다**
>
> **다들 말로는 큰소리친다**
>
> **자기와 처지가 다른 이들을
> 열린 마음으로 포용하겠다고**

어떻게 해야 스파팅을 잘할 수 있을까? 무조건 5초를 기준으로 해서 나눠야 할까? 그렇지는 않다. 일일이 모든 자막의 시간을 따져 보는 건 무리다. 스파팅 하는 연습을 끊임없이 하면서 감을 익혀야 한다. 우리가 대화를 할 때에는 중간중간에 숨을 쉰다. 노래를 부를 때에도 도중에 적절히 호흡을 하지 않으면 노래를 부르다가 숨이 넘어갈지도 모른다. 드라마도 마찬가지다. 극중 인물들도 대사를 하다가 중간중간에 숨을 쉰다. 거기에 맞춰서 문장을 자르면 된다. 주인공이 "나는 너를 사랑해."라는 대사를 한다고 생각해 보자. 도중에 숨을 쉬지 않고 말했다면 굳이 문장을 나눌 필요가 없다. 주인공이 한참 뜸들이면서 말을 했다면 어떻게 될까?

나는… 너를 사랑해

주인공이 '나는'까지 말하고 2초간 있다가 뒷말을 이어간다면, 이 문장을 둘로 나눠야 한다.

나는…
너를 사랑해

주인공은 말을 천천히 하는데 이 문장을 자막 두 개로 나누지 않는다면? 조심스럽게 사랑 고백을 하는 분위기가 제대로 살지 않는다.

3. 자막이 떠 있는 시간과 글자 수

자막은 5초 이상 떠 있으면 좋지 않다고 했다. 하지만 스파팅 할 때 모든 문장을 5초 기준으로 자르진 않는다. 1초부터 5초까지 자막마다 노출 시간이 다르다. 자막이 떠 있는 시간에 따라 글자 수가 달라진다. 시간이 짧으면 글자 수가 짧아질 테고, 시간이 길면 글자 수가 길어질 것이다. 대체로 1초에 3-5글자를 읽을 수 있다. 극중 인물이 1초 동안 "I love you."란 대사를 했다고 가정해 보자.

사랑해 (3글자)
사랑해요 (4글자)

3-4글자로 번역하면 1초 동안 자막을 무리 없이 읽을 수 있다. 이번에는 극중 인물이 5초 동안 길게 말을 했다고 생각해 보자. 이때는 글자 수가 자막 두 줄을 합해서 20자 이상이 돼야 한다. 그보다 적으면 자막을 다 읽고도 시간이 남아서, 자막이 한참 떠 있다는 느낌이 든다. 그러면 시청자는 뭔가 빠트리고 번역했다고 생각할 수도 있다.

지금까지 살펴본 것처럼, 영상번역은 스파팅 작업이 매우 중요하다. 스파팅을 제대로 하지 않으면, 번역이 어색해질 수 있다. 영상번역은 번역 공부만 해서는 안 된다. 스파팅 능력도 함께 길러야 한다.

더빙 번역 VS 자막 번역

케이블 채널이 등장하기 전, 지상파에서 방송되는 외화는 전부 더빙으로 제작됐다. 어릴 때부터 <주말의 명화>를 꼬박꼬박 챙겨 보던 나는 외국 배우들이 한국어로 연기하는 줄로만 알았다. 성우들이 극중 인물들과 완벽하게 입을 맞춘 덕분이다.

케이블 채널의 등장으로 자막 방송의 비중이 훨씬 커졌지만, 지금도 지상파에서 방송되는 외화 프로그램은 더빙으로 제작된다. 일부 케이블 채널에서도 더빙 방송을 한다. 특히 어린이 전문 채널로 방송되는 프로그램은 대부분 더빙으로 제작된다. 다큐멘터리 전문 채널에서도 더빙 방송을 하는 경우가 많다. 극장 개봉작 중에서도 관객층이 어린이인 애니메이션이나 다큐멘터리 등은 더빙으로 제작된다.

1. 영상이 먼저? 음성이 먼저?

더빙의 장점은 화면을 보지 않고 소리만 듣고도 내용을 이해할 수 있다는 것이다. 자막을 읽을 필요가 없으니 영상을 충분히 감상할 수 있다. 반면에, 자막의 장점은 외국 배우들의 목소리를 들으면서 영화 분위기를 고스란히 느낄 수 있다는 것이다. 그러나 자막에 시선을 뺏기기 때문에 자칫 영화 장면을 놓칠 수도 있다.

2010년 5월에 개봉해 아이들뿐만 아니라 성인들한테도 좋은 반응을 얻었던 <드래곤 길들이기>로 예를 들어 보겠다. <드

래곤 길들이기>는 소년과 드래곤의 우정을 그린 영화다. 이 영화에 등장하는 사랑스럽고 귀여운 드래곤 '투슬리스' 때문에 많은 사람들이 드래곤을 키우고 싶다는 열망에 몸살을 앓았다.

이 영화는 2D와 3D로 상영됐다. 또한 더빙판과 자막판이 있었다. 처음에 나는 3D 자막판을 봤다. <드래곤 길들이기>는 내용도 재미있지만 시원하고 박진감 넘치는 액션 장면 덕분에 재미가 더 살았다. 하지만 자막을 읽느라 몇몇 장면을 제대로 감상하지 못해 아쉬움이 남았다.

그 이후에 3D 더빙판을 봤다. 자막을 읽느라 스크린 하단에만 시선을 고정할 필요가 없어서 3D 영상을 최대한 만끽할 수 있었다. 하지만 더빙판은 생소한 단어가 나오면 무슨 말인지 한 번에 알아듣기 힘들다. 자막도 한번 놓치면 앞으로 되돌려서 볼 수 없듯이, 더빙판도 한 번에 못 알아들으면 내용을 이해하지 못한 채 넘어가야 한다. 그러니 더빙 번역이든 자막 번역이든 단번에 이해할 수 있도록 쉬운 표현을 써야 한다.

2. 번역 기법과 형식의 차이

더빙 번역과 자막 번역 모두 영상번역의 범주에 들어간다. 하지만 번역 기법 및 형식에서 차이점이 나타난다. 내가 번역했던 작품을 예로 들어 보겠다. <자금성 - 탄생 비화>는 KBS <아시아의 창>에서 방송한 다큐멘터리다. 이 작품은 더빙으로 제작되었다. 먼저, 더빙 번역 샘플을 살펴보자.

더빙 번역

> 1403년 음력 정월 초하루./
> 명나라 역대 세 번째 황제로 즉위한 주체(朱棣)는
> 국가 연호를 영락(永乐)으로 변경하고,/
> 1403년을 영락 원년으로 삼는다./
> 국가 연호를 바꾼 뒤에, 명나라는 큰 변화를 겪는다.//

보다시피, 자막 번역과는 형식이 다르다. 자막은 화면에 삽입해야 하므로 두 줄이라는 공간 제약이 생기고, 글자 수를 엄격하게 지켜야 한다. 더빙 번역은 글자 수 제한을 지키지 않아도 된다. 성우가 영상에서 나오는 소리에 맞춰 대본을 읽어야 하기 때문에 더빙 번역도 문장을 무한정 길게 쓸 수는 없지만 자막에 비하면 문장을 좀 더 길게 쓸 수 있다.

글자 수 제약이 심하지 않으므로 굳이 내용을 압축하거나 생략할 필요가 없다. 배우가 말을 빨리 하면 성우 역시 말을 빨리 해서 입을 맞추면 되므로 문장을 짧게 줄일 필요가 없다.

'/' 표시는 잠시 숨을 쉬라는 뜻이다. 잠시도 쉬지 않고 계속 문장을 읽으면 숨이 차기 마련이다. '//'는 '/'보다 좀 더 길게 쉬라는 뜻이다. 위 문장을 자막으로 바꾸면 어떻게 될까?

자막 번역

1403년 음력 정월 초하루
명나라 세 번째 황제로
즉위한 주체는

국가 연호를
영락으로 변경하고

1403년을
영락 원년으로 삼는다

국가 연호를 바꾼 뒤
명나라는 큰 변화를 겪는다

자막 번역에서는 마침표를 사용해서는 안 된다. 더빙판에서 '영락(永乐)'이라고 한자를 함께 표기해도 상관없지만, 자막에서는 그럴 수 없다. 더빙 번역을 할 때는 입으로 소리를 내면서 직접 읽어 봐야 한다. 읽다가 막히는 부분이 있으면 문장이 어색하다는 뜻이다.

이번에는 만화 더빙 번역을 예로 들어 보겠다. <우당탕 무술학교>는 케이블 어린이 채널 '재능 TV'에서 방송된 중국 애니메이션이다.

더빙 번역

나는야, 정의의 대협~!/
(웃는 호흡) 이히~/
무술 학교에 등록하러 가는 거야/
난 절대 고수인 대협이 될 몸이라구!/
(웃는 호흡) 알겠냐?/ 간다~잉~/
(달려가며) 으다다다다다다~/ 다다다다다~/
(멈춰서는 호흡)/ (갸우뚱거리는 호흡) 엥?/
근데 어디로 가야 하지?/
딴 사람한테 물어봐야겠다

만화나 드라마 더빙 번역은 극중 인물의 입 모양이 보이기 때문에 다큐멘터리 더빙 번역보다 더 신경 써야 한다. 다큐멘터리 내레이션은 배우의 입 모양이 안 보이기 때문에 배우가 말하는 속도와 성우가 대본을 읽는 속도가 조금 차이가 나도 상관이 없다. 하지만 만화나 드라마는 배우의 입 모양과 성우가 말하는 속도가 정확히 일치해야 한다. 만화나 드라마 더빙 번역은 문장만 번역하는 게 아니다. 감탄사나 호흡도 전부 옮겨야 한다. 그래야 성우가 더빙할 때 더 충실히 연기할 수 있다.

더빙 번역은 자막 번역보다 좀 더 구어체에 가까운 표현을 써 주는 게 좋다. 기본적인 맞춤법은 지키되, 실생활에서 말하듯이 자연스럽게 문장을 써야 한다. 자막 번역에서는 감탄사나 호흡을 옮겨 줄 필요가 없다. 자막은 귀로 듣는 게 아니라 눈으로 보는 것이다. 군더더기가 없이 깔끔해야 읽기 편하다.

이번에는 번역 표현이 어떻게 다른지 살펴보자.

더빙 번역: 왜 그래, 대체? / 제정신이야, 지금?
자막 번역: 대체 왜 그래? / 지금 제정신이야?

우리는 실생활에서 부사와 서술어 순서를 바꾸는 등 도치된 문장을 많이 사용한다. 더빙 번역에서는 그러한 점을 충분히 반영할 수 있다. 하지만 자막은 그럴 수 없다. 자막에서 '왜 그래, 대체?'라고 문장을 쓰면, 쉼표가 들어가 글자 수만 늘어나고 보기에도 깔끔하지 않다.

더빙 번역: 뭐라구?
자막 번역: 뭐라고?

더빙 번역은 맞춤법을 엄격하게 지키지 않아도 되지만 자막 번역은 맞춤법을 정확히 지켜야 한다.

더빙 번역: 엥? 앗, 어이쿠, 우엑
→ 감탄사나 의성어도 옮겨 준다.

자막 번역: 감탄사나 의성어는 번역하지 않는다

영상과 음성에 단서가 있다

영상번역은 대본과 영상을 함께 보고 번역을 한다. 영상을 보지 않고 대본만을 보고 번역했다가는 엉뚱한 번역이 나올 수 있다. 출판번역은 문장 속에 단서가 있지만, 영상번역은 화면 속에 단서가 있다. 영상을 제대로 읽어 내야 정확하게 번역을 할 수 있다. 즉, 영상번역은 화면을 꼼꼼하게 봐야 오역을 막을 수 있다.

1. 화면에 나오는 소품도 놓치지 말자

소설 속에서 'sink'라는 단어가 나왔다고 해 보자. sink는 상황에 따라 '주방의 싱크대'를 가리키기도 하고, '화장실의 세면대'를 가리키기도 한다. 출판번역가는 앞뒤 문맥을 잘 살펴서 싱크대인지 세면대인지 판단해야 한다. 하지만 영상번역가는 화면을 통해 확인할 수 있다.

2. 말하는 사람과 물건의 위치 확인하기

지시 대명사 'this'를 번역할 때도 영상을 반드시 확인해야 한다. 'this'를 기계적으로 무조건 '이것'이라고 번역하면 낭패를 볼 수 있다. 말하는 사람이 바로 앞에 있는 물건을 가리킨다면 '이것'이라고 번역하면 된다. 말하는 사람이 멀리 떨어져 있는 물건을 가리키면 '저것'이라고 해야 한다. 거리가 조금 떨어져 있는데도 'that'이 아니라 'this'라고 말하는 경우가 있기 때문에 물건의 위치를 꼭 확인해야 한다. 영상을 제대로 '읽지' 않으면, '저것'이라고 해야 할 것을 '이것'이라고 잘못 옮기는 실수를 할 수 있다.

예를 하나 들어 보겠다. 남자가 여자한테 포장된 상자를 내밀자 여자가 묻는다.

What is that?

남자와 여자가 바로 가까이 서 있기 때문에, "그건 뭔가요?"라고 번역해야 한다. "저것은 뭔가요?"라고 하면 상황에 맞지 않는다. 영어 문장만 봐서는 'that'이 '저것'인지 '그것'인지 알 수 없다. 그러므로 항상 영상을 꼼꼼히 봐야 한다.

3. 말하는 사람의 시선도 확인하자

두 사람이 대화하는 장면에서는 말하는 사람의 시선이 번역에 영향을 주지 않는다. 하지만 세 사람이 대화하는 장면에서는 말하는 사람의 시선에 따라서 말투가 크게 달라질 수 있다. 한 남자가 애인을 데리고 와 처음으로 소개한다고 해 보자. 이 남자 앞에는 부모님과 여동생이 있다. 이 남자가 부모님을 보면서 얘기한다면 이렇게 말할 것이다.

제 여자친구입니다

하지만 여동생을 보면서 얘기한다면 이렇게 말할 것이다.

내 여자친구야

대본만 봐서는 이 남자가 누구한테 말하는지 모를 수 있다. 이럴 때는 영상을 보고 남자가 누구를 보면서 말하는지 확인해야 한다.

4. 음성에 귀 기울이기

"Who are you?"라는 대사가 나왔다고 치자. 이 대사의 의미는 누구나 쉽게 알 수 있다. 하지만 문장만 봐서는 이 대사를 말하는 사람의 감정을 알 수가 없다. 화가 난 상태인지, 겁을 먹은 상태인지 감을 잡기가 힘들다. 영상을 보고 극중 인물의 음성을 들어 보면 어떤 감정인지 쉽게 알 수 있다. 길을 가다가 괴한을 만난 상황이라면 잔뜩 겁을 먹고 이렇게 말할 것이다. "당신 누구야?" 혹은 "낭신 뭐야?" 집에 있는데 쵸인종이 울려서 현관문을 열었는데 처음 보는 사람이 서 있다면 살짝 의아해하며 이렇게 말할 것이다. "누구세요?"

극중 인물이 "Great."라고 말했다고 해 보자. 그 인물의 말투에 따라 번역이 달라질 수 있다. 상대방을 칭찬하는 상황이라면, '잘했어' '멋지다' '굉장한데' 등으로 옮기면 된다. 상대방의 실수 때문에 일이 엉망이 된 상황에서 비아냥거리는 거라면? '잘하는 짓이다' '못살아' '미치겠군' 등으로 번역하는 것이 자연스럽다.

영상번역은 대본뿐만 아니라 영상도 제대로 읽을 줄 알아야 한다. 극중 분위기나 인물의 감정 상태를 제대로 파악하지 못하면 어색한 내용으로 번역할 수 있으니 주의하자.

캐릭터 말투 설정하기

예전에 이런 기사를 봤다. TV에서 방송되는 외화 번역에 관한 내용이었는데, 요지는 '남녀 성차별'이었다. 남편은 아내한테 반말을, 아내는 남편한테 존대하는 걸 가리켜 남녀 성차별 의식이 그대로 반영되었다며 질타하는 내용이었다.

TV에서 방송된 작품들을 실례로 들었는데 그중 줄리안 무어가 출연한 영화 <파 프롬 헤븐>도 포함돼 있었다. TV에서 남편은 흑인 정원사한테 반말을 쓰고, 아내는 정원사한테 존대를 썼다고 한다. 50년대라 인종 차별이 존재하는 시기이므로 여자도 당연히 흑인 정원사한테 반말을 쓰는 게 옳다면서, 남편만 반말로 처리한 것 역시 남녀 성차별이라고 지적했다. 기사를 읽을 당시에는 <파 프롬 헤븐>을 보지 않아서 일리 있는 얘기구나 생각했다.

그러다 얼마 후, 그 문제의 <파 프롬 헤븐>을 번역하게 되었다. 기사 내용이 떠올라서 집주인 여자가 정원사한테 반말을 쓰도록 처리했다. 그런데 번역하다 보니 이게 아니라는 생각이 들었다.

인종 차별이 존재하는 시기이고 여자가 주인이라고 하지만, 극중에 등장하는 흑인 정원사는 오랫동안 일꾼으로 일한 사람이 아니었다. 갑자기 아버지가 돌아가셔서 대신 일해 주러 온 거였다. 집주인 여자와 만난 지 얼마 되지 않아서 서로 어색하고 조심스러운 관계였다.

그리고 여자가 정원사한테 '나는 인종 차별주의자가 아니고, 백인과 흑인 평등을 지지하는 사람이다'라고 말하는 부분이 있다. 그래서 여자는 항상 정원사한테도 정중하게 대한다. 이 때문에 주변에 있는 백인들한테 따가운 눈총을 받기도 한다.

이러한 상황에서 여자가 정원사한테 반말을 하는 게 더 어색하지 않은가. 나중에는 서로 정신적인 교감을 나누는 사이로 발전한다. 그래서 여자 말투를 다시 존대로 설정했다. 실제 극중 대사를 살펴보자.

집 안에 있던 캐시는 밖에 웬 흑인 남지기 서 있는 걸 보고 놀라서 밖으로 나간다. 캐시는 흑인 남자를 경계하며 조심스럽게 묻는다.

캐시: 이봐요, 여기서 뭐 해요? 대체 누구죠?

레이몬드: 죄송합니다, 저는 레이몬드 디건입니다. 오티스가 제 아버지죠. 아버지 대신 정원 일을…

캐시: 오티스 아들이라고요?

레이몬드: 그렇습니다

캐시: **이런, 제가 무례했죠? 낯선 사람이라서…**

레이몬드: **괜찮습니다**

여기서 캐시가 레이몬드한테 대뜸 "당신 누구야?"라고 반말을 한다면 어떨까? 대사의 의미는 변하지 않지만 분위기가 180도 달라진다. 흑인 남자를 경계하면서도 조심스럽게 대하는 캐시의 태도가 살아나지 않는다. 극중에서 캐시는 예의 바르고 조용한 성격으로 묘사된다. 이러한 성격을 제대로 살려 주려면 반말보다는 존댓말이 더 자연스럽다.

번역가의 관점에 따라 말투 설정은 얼마든지 바뀐다. 인종차별이 존재하는 시기라는 데 중점을 둔다면 여자 말투를 반말로 설정할 수도 있다. 어떠한 경우든, 전체 맥락을 살펴보는 것이 중요하다.

번역을 하다 보면 말투를 설정하는 게 보통 까다로운 일이 아니다. 번역가는 나무만 보기보다는 숲 전체를 보는 안목을 길러야 한다. 그래야 시청자나 관객들이 거부감 없이 내용을 받아들일 수 있다.

그렇다면 말투를 설정할 때는 어떤 점을 고려해야 할까?

1. 인물 관계부터 명확하게 파악하자

　말투를 설정하려면 인물 관계부터 파악해야 한다. 똑같은 대사라도 두 사람의 관계에 따라 존하대가 바뀌기 때문이다.

　폭스 채널로 방송된 미드 <라이 투 미>를 번역할 때의 일이다. <라이 투 미>의 주인공은 칼 라이트만이라는 심리학자다. 칼 라이트만은 표정과 행동을 보고 거짓말을 가려내는 전문가다. 또 다른 주인공은 질리언 포스터 박사다. 칼 라이트만과 질리언 포스터가 어떤 관계인지 알아야 존하대를 결정할 수 있다.

　보통 1회 내용을 다 보고 나면 인물 간의 관계가 파악되지만, 더 정확한 관계를 알기 위해서는 자료를 검색해야 한다. 영문 사이트에서 해당 드라마의 공식 사이트를 찾아보면 전체적인 줄거리와 배우 정보 및 캐릭터 소개가 나온다.

　<라이 투 미>의 영문 사이트에 질리언 포스터에 대해 다음과 같이 적혀 있었다. 질리언 포스터는 칼 라이트만과 함께 '라이트만 그룹'이라는 회사를 운영하는 파트너다. 그리고 1회 내용을 보니 칼과 실리언은 서로에 대해 속속들이 알 정도로 각별한 사이였다. 정확한 나이를 알 수 있는 단서는 없었지만 외모만 봤을 때는 연령대도 비슷해 보였다. 그래서 두 사람이 서로 반말을 하는 것으로 말투를 설정했다.

　하지만 방송국 관계자는 나하고 생각이 달랐다. 칼 라이트만은 질리언 포스터에게 반말을 하고 질리언 포스터는 칼 라이트만에게 존대를 하는 것으로 설정해 달라고 요구해 왔다. 칼 라이트만의 이름을 따서 회사 이름을 '라이트만 그룹'이라

고 지은 만큼, 칼이 질리언보다는 상관일 거라고 판단한 것이다. 방송국의 요구에 따라 말투를 수정했다. 나와 관점은 달랐지만 아주 근거가 없는 얘기는 아니었기 때문이다.

이렇듯 말투를 설정할 때 사람마다 관점이 다르기 때문에, 같은 작품이라도 누가 번역하느냐에 따라 극중 인물의 말투가 달라질 수 있다. 하지만 시청자들이 봤을 때 거부감이 들지 않도록 타당한 근거를 바탕으로 말투를 설정해야 한다.

자료를 찾아봐도 정확한 관계를 파악하기 힘들 때가 있다. 예전에 중국 드라마를 번역할 때 일이다. 극중 인물 중에 각기 중학교 운동 팀을 이끄는 남자 감독과 여자 감독이 있었다. 둘은 라이벌 관계라서 만날 때마다 날카로운 신경전을 벌였다. 그 외에 두 사람이 어떤 관계인지 알 만한 정보가 없어서 두 사람이 서로한테 존댓말을 하는 것으로 설정했다. 드라마가 중반으로 넘어가면서 뜻하지 않은 문제가 생겼다. 알고 보니 두 사람이 같은 학교 출신인 친구였던 것이다. 그 사실을 미리 알았다면 두 사람이 서로 반말을 하도록 설정했을 것이다.

번역하다 보면 이렇게 당혹스러운 경우를 종종 만난다. 드라마를 1회부터 최종회까지 미리 보고 번역을 시작한다면 이런 실수를 막을 수 있다. 하지만 20회가 넘는 드라마를 미리 볼 수 있는 여유가 없다. 대체로 일을 의뢰받자마자 바로 번역을 시작해야 하기 때문이다. 최대한 실수를 줄이려면 번역을 시작하기 전에 반드시 드라마의 전체 줄거리 및 인물 정보를 찾아봐야 한다.

2. 상황에 따라 변하는 말투

일단 극중 인물의 말투를 정하고 나면, 끝까지 같은 말투로 번역해야 한다. 하지만 상황에 따라 유연하게 바꾸기도 해야 한다.

(1) 관계가 변하면 말투도 변한다

남자와 여자가 처음 만났다. 당연히 처음에는 서로 조심스럽게 존댓말을 사용할 것이다. 두 사람이 점점 가까워져서 연인 관계로 발전했다고 치자. 자연스럽게 서로 반말을 사용할 것이다. 하지만 모든 연인이 서로 반말을 하는 것은 아니다. 두 사람의 나이 차가 크다면 연하인 사람이 존댓말을 할 수도 있다. 또 나이가 지긋한 부부는 서로에게 존댓말을 사용할 수 있다. 성격이 차분하거나 소심하다면 연인이 되고 나서도 계속 존댓말을 쓸 수도 있다.

또 다른 예를 살펴보자. 팀장과 말단 사원이 있다. 말단 사원은 팀장한테 존대를 하고 팀장은 말단 사원한테 반말을 한다. 그런데 말단 사원이 고속 승진을 해서 팀장보다 직급이 높아졌다. 이런 경우라면 팀장이 그 말단 사원한테 존댓말을 해야 한다. 혹은 서로 존댓말을 할 수도 있다. 또는 공적인 자리에서는 존댓말을 하고, 사적인 자리에서는 반말을 할 수도 있다.

(2) 감정에 따라 말투도 변한다

인물 간의 관계가 변하지 않아도 말투가 변할 수 있다. 평소에 그다지 친하지 않아서 서로 존댓말을 쓰는 두 사람이 있다. 어느 날, 사소한 문제로 말다툼을 했다. 그러다 감정이 격해지면 반말을 내뱉을 수도 있다. "당신 대체 왜 이래? 정신 나갔어?"

3. 말투 하나로 분위기가 바뀐다

같은 대사라고 해도 극중 인물의 성격이나 나이, 직업 등에 따라 말투가 달라진다. 단순히 문장의 의미를 옮긴다고 끝나는 게 아니다. 극중 인물의 특성도 함께 살려 줘야 한다. 아이와 어른의 말투가 같을 수 없다. 범죄자와 법조인의 말투가 같을 수 없다. 극중 인물에 맞는 말투를 제대로 설정해야 드라마 분위기도 제대로 살아난다. 말투에 따라서 분위기가 어떻게 살아나는지 예를 들어 보겠다.

> <어린왕자>에서 – 반말투(어른을 위한 동화 느낌)
>
> **나의 작품을 어른들에게 보여 주며, 그림이 무섭지 않냐고 물어봤다. 그러자 모두 한결같이 이렇게 대답했다. "무섭냐고? 모자가 뭐가 무섭니?" 나는 모자를 그린 게 아니었다. 보아뱀이 코끼리를 잡아먹은 그림을 그렸다. 하지만 어른들이 이해하지 못했기 때문에 나는 그림을 하나 더 그렸다. 이번에는 어른들이 쉽게 이해하도록 보아뱀의 배 속이 훤히 보이게 그렸다. 어른들은 항상 설명을 들어야 이해한다.**

생텍쥐페리의 『어린왕자』의 초반에 나오는 이야기다. 비행기를 몰다가 사막에 불시착한 주인공이 어린왕자를 만난 이야기를 독자에게 들려 준다. 화자의 말투를 '물어봤다' '대답했다'처럼 반말로 설정하니, 담담하면서도 냉소적인 분위기가 풍긴다. 같은 내용을 존대로 말투만 바꾸면 어떻게 달라질까?

<어린왕자>에서 – 존댓말투(어린이를 위한 동화 느낌)

나의 작품을 어른들에게 보여 주며, 그림이 무섭지 않냐고 물어봤어요. 그러자 모두 한결같이 이렇게 대답했지요. "무섭냐고? 모자가 뭐가 무섭니?" 나는 모자를 그린 게 아니었어요. 보아뱀이 코끼리를 잡아먹은 그림을 그렸답니다. 하지만 어른들이 이해하지 못했기 때문에 나는 그림을 하나 더 그렸어요. 이번에는 어른들이 쉽게 이해하도록 보아뱀의 배 속이 훤히 보이게 그렸죠. 어른들은 항상 설명을 들어야 이해해요.

어미를 '해요체'로 바꾸니 어린이에게 들려주는 구연동화 느낌이 난다. 첫 번째 예시와 밀리 다정히고 따뜻한 분위기가 난다. 이렇듯 번역가가 말투를 어떻게 설정하는지에 따라 드라마 분위기가 달라진다. 그래서 '번역가가 캐릭터를 창조한다'라는 말이 있다. 번역가는 누구보다도 드라마 내용과 분위기를 잘 파악해야 한다.

순서대로 번역하기

영상번역은 가능하면 순서대로 번역해야 한다. 이게 무슨 말일까? 영어는 한국어와 어순이 다르다. 일반 번역은 대체로 원문의 어순을 한국어 어순으로 바꾸어 옮긴다. 하지만 영상번역은 영어 어순대로 번역하는 게 더 좋을 때가 많다. 극중 인물이 말하는 대사와 자막 내용이 일치해야 하기 때문이다.

구체적인 예를 들어 보겠다.

I am going to Incheon airport at 7 p.m.
영어 어순대로: 나는 / 갈 것이다 / 인천 공항에 / 저녁 7시에

위 문장을 한국어 어순에 맞춰 번역하면 다음과 같다.

나는 저녁 7시에 인천 공항에 갈 것이다

이것을 영어 어순대로 번역하는 예를 살펴보자. 극중 인물이 대사를 말하는 속도에 따라서 번역이 달라질 수 있다.

1. 극중 인물이 2초 안에 대사를 말할 경우

I am going to Incheon airport at 7 p.m.

저녁 7시에

인천 공항에 가야 해

→ 한국어 어순대로 자연스럽게 옮긴다.

2. 말을 띔들이며 천천히 말할 경우

애인을 두고 갑자기 외국으로 떠나는 남자가 있다고 가정해 보자. 공항에 가기 한 시간 전에 애인한테 그 사실을 통보해야 하는데, 미안한 마음에 차마 입이 떨어지지 않는다. 그래서 더듬더듬 말한다.

I am going to⋯(3초 뜸 들이다)
Incheon airport⋯(4초 뜸 들이다)
at 7 p.m.

이럴 경우 어떻게 번역해야 할까? 무조건 한국어 어순대로 옮기면 안 된다.

좋은 예

남자: I am going to⋯(3초 뜸 들이다)

나 가야 해

여자: (대체 어딜 간다는 거야? 왜 이렇게 뜸 들여 말하지?)

남자: Incheon airport… (4초 뜸 들이다)
인천 공항에…

여자: (갑자기 웬 인천 공항? 뭐, 나중에 가나 보지.)

남자: at 7 p.m.
저녁 7시에 말이야

여자: (화들짝 놀라며) **뭐? 지금 6시인데 그걸 이제야 말해?**

이렇듯 영어 어순대로 번역을 해야, 극적 긴장감을 제대로 살려 줄 수 있다.

나쁜 예

I am going to… (3초 뜸 들이다)
저녁 7시에

Incheon airport… (4초 뜸 들이다)
인천 공항에

at 7 p.m.
갈 거야

극중 인물이 '저녁 7시'란 말을 아직 하지도 않았는데, 자막에 '저녁 7시'라고 뜬다면 영상과 자막 내용이 일치하지 않는다. 뒤에 나올 얘기를 미리 알려 주는 셈이므로 긴장감이 떨어진다. 영상과 자막 내용이 일치하도록 번역하는 게 좋다. 극중 인물이 아직 말하지도 않은 내용을 자막으로 미리 알려 주면 스포일러가 된다.

한 글자에 목숨 걸기

영상번역은 시간적, 공간적 제약을 받는다. 그래서 원문에 담긴 정보를 자막에 전부 옮겨 줄 수 없을 때가 있다. 정해진 글자 수에 맞춰 번역을 하려면 최대한 간결한 문장을 써야 한다. 그래서 영상번역가는 어떻게 하면 한 글자라도 더 줄일까 고민한다. 영상번역은 생략과 압축이 필수다.

원문에 나온 단어를 빼 버리면 의미가 훼손될 수도 있지만 영상이 그 점을 충분히 보완해 준다. 경우에 따라서는, 생략을 하더라도 의미가 전혀 훼손되지 않는다. 오히려 더 자연스러운 한글 표현으로 원문의 의미를 전달할 수 있다. 그렇다고 무조건 생략하거나 압축하다가는 원문의 의미를 훼손할 수 있으므로 조심해야 한다. 원칙 없이 무작정 문장을 너무 짧게 줄여 버리면 시청자들이 이렇게 의심을 품는다. "배우가 말을 길게 하는데, 왜 한글 자막은 저렇게 짧지?"

어떻게 해야 원문의 의미를 제대로 전달하면서도 효과적으로 글자 수를 줄일 수 있을까? 몇 가지 방식을 소개하겠다.

1. 주어 생략

수잔: I think we should give it to Paul.
폴한테 줘야 할 것 같아

가브리엘: He'll probably freak out.
많이 놀랄 거야

수잔과 가브리엘의 대사를 보자. 둘 다 번역문을 보면 주어가 없다. 영어는 대체로 주어가 없으면 문장이 성립되지 않는다. 하지만 한국어는 주어가 없어도 의미가 잘 통한다. 아니, 주어가 없어야 더 자연스러울 때가 많다.

수잔: 내 생각에는 우리가 폴한테 줘야 할 것 같아
가브리엘: 그가 많이 놀랄 거야

이렇게 대화한다고 생각해 보자. 주어를 붙이면 군더더기가 생겨 문장만 길어지고 자연스럽지도 않다. 주어를 빼는 연습을 해 보자. 문장이 훨씬 더 간결하고 자연스러워진다. 하지만 주어를 반드시 밝혀 줘야 할 때도 있으므로. 주어를 뺐을 때 내용에 영향을 미치지 않는지 한 번 더 생각하자.

2. 목적어 생략

수잔: She was his wife. He deserves to have all the facts.
아내 일이니까
폴도 알아야 하잖아

위 자막에서는 목적어가 빠져 있다. 영어 원문대로 목적어까지 번역하면 아래 문장과 같다.

He deserves to have all the facts.
폴도 모든 사실을 알아야 하잖아

여기서 목적어인 '모든 사실을'을 빼도 문맥을 통해 목적어가 뭘 가리키는지 알 수 있다.

3. 이름 생략

가브리엘: You know, Carlos, I didn't marry you so I could have dinner by myself six times a week.
내가 일주일 내내 혼자서
저녁 먹으려고 결혼한 줄 알아?

가브리엘이 이 대사를 말하는 시간은 4초 정도 된다. 영어 대사가 상당히 길기 때문에 필요 없는 정보를 빼야 한다. 우선 이름부터 빼자. 가브리엘과 카를로스가 대화하는 중이기 때문에 'Carlos'란 대사를 빼도 누구와 얘기하고 있는지 알 수 있다. '카를로스'란 대사만 빼도 네 글자가 준다. 하지만 여러 명이 대화하는 중에 누구를 보고 말하는 건지 밝혀 줘야 할 때는 이름을 함부로 생략해서는 안 된다.

여기서는 'You know'도 생략했다. 'You know'는 '있잖아' '저기' '너도 알잖아' '그거 말이야' 등으로 번역할 수 있지만 여기서는 생략해도 상관없다.

만약 가브리엘이 이 대사를 8초에 걸쳐 말했다면 어떻게 번역해야 할까? 'You know, Carlos'도 번역해야 한다. 이렇듯 영상번역에서는 같은 문장이라도 대사 속도에 따라 번역문이 달라진다. 무조건 글자 수를 줄이는 것이 아니다. 항상 대사 속도를 고려해야 한다.

4. 상표나 상호 생략

베스킨라빈스 아이스크림이
먹고 싶어
수정) 아이스크림이 먹고 싶어

몬테카를로 호텔에 갈 거야
수정) 호텔에 갈 거야

이렇게 상표나 상호를 생략할 수 있다. 하지만 상표나 상호가 줄거리 전개에 중요한 단서가 된다면 함부로 생략해선 안 된다. 대사 속도가 너무 빨라서 자막이 떠 있는 시간이 짧을 때에만 생략해야 한다.

5. 감탄사와 의미 없는 말 생략하기

영상번역을 처음 시작했을 때 가장 먼저 들은 말이 있다. "어린아이든 노인이든, 누가 봐도 이해할 수 있게 번역해야 한다. 사소한 단어라도 절대 빼먹어서는 안 된다." 백번 옳은 말이다. 그래서 당시에는 'Ok' 'Hi' 'All right' 'Yeah' 'Hey' 등 간단한 문장도 전부 번역했다. 하지만 번역을 하다 보니 생각이 달라졌다. 내용에 큰 영향을 주지 않는 짧은 문장은 생략하는 게 더 좋다. 일단 자막이 뜨면 자연스럽게 자막에 눈길이 간다. 그만큼 영상을 감상할 시간을 뺏긴다는 뜻이다. 'Ok' 'Hi' 'All right' 'Yeah' 'Hey' 등은 자막을 삽입하지 않아도, 줄거리를 이해하는 데 지장이 없다. 자막을 생략함으로써 시청자에게 온전히 영상을 감상할 수 있는 기회를 줄 수 있다. 물론 생략하기 전에 정말로 내용에 지장이 없는지 한 번 더 생각해야 한다.

'Wow' 'Ah' 'Um' 'Huh'와 같은 감탄사도 굳이 번역할 필요 없다. '와우' '아' '음' 이라고 번역하지 않아도 된다. 만약 책 번역이라면 이러한 감탄사도 세심하게 옮겨야 한다. 하지만 영상번역에서는 생략하는 게 좋다. 영상을 통해 그 분위기를 충분히 알 수 있기 때문이다.

6. 무한 반복 되는 단어 생략하기

똑같은 단어나 문장이 무한 반복 되는 경우가 있다. 가령, 엄마가 자식을 잃어버려서 애타게 찾는다고 가정해 보자. 다급해진 엄마가 계속해서 아이 이름을 부른다.

사라, 사라, 사라, 사라, 사라, 사라~~!!

이럴 경우, 뒷부분은 생략해도 된다. 이미 시청자는 아이 이름이 '사라'란 걸 안다. 그리고 엄마의 음성이 들리기 때문에 자막이 뜨지 않아도 '사라'를 부르고 있다는 걸 알 수 있다. 혹은 다양한 표현으로 번역해 주면 좋다.

사라, 사라, 어딨니? 사라, 대답해 봐.

혹은 '수리수리마수리' 같은 주문을 무한 반복 하는 경우, 시위대가 '독재 정권을 타도하라'는 구호를 무한 반복 하는 경우, 이럴 때는 뒤에 반복되는 문장을 생략하는 게 좋다.

7. 부사 생략하기

르넷: Maybe it's just some sort of sick joke.
어쩌면 장난 편지일지도 몰라
수정) 장난 편지일지도 몰라

'~일지도 몰라'에 이미 추측의 의미가 들어가 있다. 부사인 '어쩌면'을 생략해도 의미가 변하지 않는다. 마찬가지로 'if'를 반드시 '만약 ~한다면'이라고 옮길 필요도 없다. '~한다면'이라고만 해도 충분하다. 'probably'도 '아마도 ~할 것이다'가 아니라 '~할 것이다'라고만 해도 된다.

8. 접속사 줄이기

접속사를 줄이면 문장이 간결해진다.

예시 1)
나는 아침에 일어난다
그리고 밥을 먹는다

수정)
나는 아침에 일어나서
밥을 먹는다

예시 2)
시간이 별로 없다
하지만 서두르진 말자

수정)
시간이 별로 없지만
서두르진 말자

예시 3)
그럼 좋은 소식이군요
그런데 표정이 어둡네요

수정)
그럼 좋은 소식인데
표정이 어둡네요

9. 문장 부호 남용하지 않기

문장 부호를 지나치게 많이 사용하면 문장이 지저분해지고 글자 수만 늘어난다. 쉼표는 가능하면 자막 한 줄에 한 개만 사용하자. 한 줄에 문장 부호가 2개 이상 들어가면 지저분해 보인다.

이봐요, 비켜요, 비켜!

이 문장은 자막 한 줄에 쉼표 2개에 느낌표 1개까지 문장 부호가 무려 3개나 들어가 있다. 이럴 경우 자막을 두 줄로 만들어서, 쉼표를 하나라도 줄여야 한다.

수정)
이봐요
비켜요, 비켜!

느낌표를 남용하지 말자. 두 사람이 고래고래 소리 지르면서 싸우는 장면이 있다고 치자. 모든 문장 뒤에 느낌표를 쓰면 좋지 않다. 대본에 느낌표가 있어도 자막에서는 빼 주는 것이 보기에 깔끔하다. 느낌표를 사용하지 않아도 영상을 보면 극 중 인물의 감정 상태를 충분히 알 수 있다.

대체 왜 그러는데!
제발 그러지 마!

수정)
대체 왜 그러는데
제발 그러지 마

물음표도 생략할 수 있으면 생략하라. 정말로 뭔가가 궁금해서 질문하는 경우가 아니라면, 물음표를 생략할 수 있다.

여보세요? (전화 받을 때) → 여보세요

뭔가 질문을 하는 경우가 아니므로 물음표를 생략해도 된다.

대체 왜 그러는데? → 대체 왜 그러는데

대답을 요구하는 게 아니라 화가 나서 쏘아붙이는 상황이라면 물음표를 생략해도 된다.

다음처럼 인용 부호도 생략할 수 있다.

**네가 '일찍 일어날 거야'라고
말했잖아**

수정)
네가 일찍 일어날 거라고
말했잖아

10. '의' 뺄 것이냐, 말 것이냐

우리는 일상생활에서 '의'를 거의 사용하지 않는다. 하지만 글을 쓰다 보면 습관적으로 '의'를 많이 사용한다.

친구의 동생, 아빠의 물건, 누나의 지갑, 그 남자의 집, 친구의 가방

위에서 제시한 단어들에서 '의'를 빼 보자.

친구 동생, 아빠 물건, 누나 지갑, 그 남자 집, 친구 가방

'의'를 빼면 글자 수도 줄어들고, 보기에도 깔끔하고 더 구어체다워진다. 명사와 명사 사이에 '의'가 들어가면 소유 관계를 나타낸다. 이럴 경우는 '의'를 생략해도 의미가 달라지지 않는다. 자막에서는 한 글자라도 줄이는 게 미덕이다. '의'를 빼는 연습을 하자.

수를 나타내는 표현을 쓸 때도 기계적으로 '의'를 쓸 때가 많다. 이때도 '의'를 빼면 훨씬 간결하고 한국말다워진다.

한 권의 책 → **책 한 권**
열 명의 학생 → **학생 열 명**
두 명의 피해자 → **피해자 두 명**
네 마리의 강아지 → **강아지 네 마리**

하지만 '의'를 무조건 생략해서는 안 된다. 의미가 달라질 수도 있기 때문이다. 예를 들어 보자.

서울의 대학
서울에 있는 모든 대학을 가리킨다. A, B, C, D 등 대학 이름이 다 달라도 서울에 위치한 대학은 전부 '서울의 대학'이다.

서울 대학
'서울'이 대학 이름이다. 전국에 단 하나뿐이다.

'의'를 잘못 사용하면 문장이 지저분해지지만, 잘만 사용하면 문장을 짧게 줄일 수 있다.

줄리가 워싱턴에 있는 한 호텔에서 살해됐습니다
→ 줄리가 워싱턴의 한 호텔에서 살해됐습니다

'에 있는'을 '의'로 대체하자 띄어쓰기까지 포함해 네 글자가 줄어들었다. 드라마 자막은 구어체에 가깝지만 완전한 구어체가 아니다. '의'를 사용하면 일상생활에서 사용하는 구어체와는 거리가 멀어진다. 하지만 효과적으로 글자 수를 줄일 수 있다.

'의'를 사용해서 말 길이를 줄이는 연습을 더 해 보자.

몇 달 동안 있었던 일
몇 달간 있었던 일
몇 달간의 일
최근의 일
최근 일

11. 줄임말 활용하기

줄일 수 있으면 한 글자라도 더 줄여 보자.

의사가 되었다 → 의사가 됐다
거울을 보았다 → 거울을 봤다
건물이 파괴되었다 → 건물이 파괴됐다
네 친구가 그렇게 말하더군 → 네 친구가 그러더군
회사를 그만두다 → 회사를 관두다

그렇다고 무조건 말을 줄여서는 안 된다. 특히 명사와 조사가 만났을 때는 가급적 말을 줄이지 말자.

흉낼 내잖아 → 흉내를 내잖아 (차라리 조사를 빼라. '흉내 내잖아')
너 땜에 망쳤잖아 → 너 때문에 망쳤잖아
암튼 그러지 마 → 아무튼 그러지 마
누나가 젤 좋아 → 누나가 제일 좋아
울 엄마야 → 우리 엄마야
아빨 사랑해 → 아빠를 사랑해
엄만 가기 싫대 → 엄마는 가기 싫대
어쩜 못 갈지도 몰라 → 어쩌면 못 갈지도 몰라

'암튼'과 '어쩜'은 각각 '아무튼'의 준말과 '어쩌면'의 준말이다. 사전에도 실린 표현이지만 방송국에 따라 사용을 제한

하는 곳도 있다.

다음과 같은 경우는 줄여 써도 상관없다.

나는 클락이야 → 난 클락이야
너는 누구니? → 넌 누구니?
우리는 친구야 → 우린 친구야

12. 수동문과 피동문을 능동문으로 바꾸기

영어에는 수동문이 많다. 수동문을 보면 습관적으로 수동문이나 피동문으로 번역하는 경우가 많다. 하지만 우리말은 능동문을 더 많이 사용한다. 수동문을 만나면 능동문으로 바꿔서 옮겨 보자. 그러면 한결 더 우리말다워진다. 수동문을 능동문으로 바꾸면 글자 수도 줄어든다. 자막 번역에는 더없이 유용한 방법이다.

인간은 신에 의해 창조되었다
→ 신이 인간을 창조했다

그 남자는 집 주인에 의해 쫓겨났다
→ 그 남자는 집 주인한테 쫓겨났다
→ 집 주인이 그 남자를 쫓아냈다

그 여자는 괴한에 의해 살해당했다

→ 그 여자는 괴한한테 살해당했다

→ 괴한이 그 여자를 살해했다

기술이 발전되어졌다

→ 기술이 발전했다

스타가 탄생되어졌다

→ 스타가 탄생되었다

→ 스타가 탄생했다

능동문을 사용하면 의미도 더 잘 전달되고 글자 수도 줄어든다. 우리는 수동문과 피동문을 쓸데없이 많이 사용한다. 물론 수동문과 피동문을 사용해야 할 때도 있다. 하지만 아무 생각 없이 기계적으로 수동문과 피동문을 사용해서는 안 된다.

시간적, 공간적 제약이 없어도 우리는 가능하면 말을 줄여 쓰려고 한다. 인터넷 용어와 휴대폰 문자를 보면 쉽게 알 수 있다. 사람들은 조금이라도 시간을 줄이고 손가락을 움직이는 수고를 덜기 위해 말을 최대한 줄여 쓴다.

교통 카드 충전 해야 해 → 교카충 해야 해

엄마 친구 아들 → 엄친아

듣도 보도 못한 잡것 → 듣보잡

'굳이 저렇게까지 말을 줄여 써야 하나' 이런 의문도 들지만, 이게 언어의 속성이다. 문장이 길어지면 입도 아프고 손가락도 피곤하다. 사람들은 줄일 수 있는 건 다 줄인다. 한국어만 이런 속성이 있는 게 아니다.

옥스퍼드 영어 사전에 실린 축약어를 몇 개 소개하겠다.

AFAIK → as far as I know
B4 → before
CUL8R → See you later
ILUVU → I love you
NO1 → no one
RUOK → Are you okay?
THKQ → Thank you
WU → What's up?
X → kiss

중국어나 일본어도 축약어를 많이 사용한다. 이런 까닭에 『국어 독립 만세(김철호 지음)』에서는 '말도 경제성을 추구한다'고 했다. 시간적, 공간적 제약이 있는 자막 번역은 더 말할 필요도 없다. 쓸데없는 군더더기는 다 빼야 한다. 필요 없이 문장을 길게 쓸 이유가 없다. 한국어 문법을 잘 들여다보면 맞춤법을 지키면서도 문장을 경제적으로 줄여 쓸 수 있는 방법이 많다.

13. 한자어 활용하기

중국 무협에서는 사자성어를 적절하게 사용하면 예스러운 느낌을 살려 줄 수 있다. 반면, 현대물에서는 한자어를 남용하면 토속적인 냄새가 너무 짙어서 어색하다. 상황에 따라 한자어를 잘만 사용하면 글자 수를 효과적으로 줄일 수 있다.

헬리콥터 → 헬기(helicopter+機)
엘리베이터 → 승강기(昇降機)
약을 너무 많이 복용했다 → 약을 과다 복용(過多 服用)했다
  → 약을 남용(濫用)했다
회의를 다시 시작하다 → 회의를 재개(再開)하다
그 부족은 스스로 멸망했다 → 그 부족은 자멸(自滅)했다

14. '들'을 빼자

영어는 복수형이 따로 있지만, 한국어는 '들'을 붙이지 않아도 복수란 걸 나타낼 수 있다.

우리들 → 우리
너희들 → 너희
많은 사람들 → 많은 사람
모든 사람들 → 모든 사람
고양이들은 야행성이다 → 고양이는 야행성이다

'들'을 사용해서 말 길이를 줄일 수도 있다.

모두 일찍 퇴근했다 → 일찍들 퇴근했다
다들 식사해라 → 식사들 해라
너희 그러지 마 → 그러지들 마
모두 사이좋게 지내 → 사이좋게들 지내

방송 심의, 표현 순화하기

2009년 겨울, MBC에서 방송된 인기 시트콤 <지붕 뚫고 하이킥>과 관련한 논란으로 인터넷이 후끈 달아올랐다. 극중에서 나오는 '빵꾸똥꾸'라는 대사 때문이었다.

> 최근 방송통신심의위원회(방통위)가 MBC 일일시트콤 <지붕 뚫고 하이킥>에 등장하는 해리(진지희)의 유행어 '빵꾸똥꾸'에 대해 권고 조치를 했다.
> 방통위는 아역인 해리가 어른들에게 폭력적인 언행을 사용하는 내용이 필요 이상으로 장기간 반복적으로 묘사돼 '방송법 제100조 1항'을 위반했다는 이유로 권고 조치했다.
> <2009년 12월, 경향신문>

빵꾸똥꾸를 '빵꾸똥꾸'라고 부르지 못하게 된 것이다. 2010

년 1월에는 인터넷에 다음과 같은 기사가 올라왔다.

> 19일, '방통심의위, 무엇을 위해 심의하나'라는 주제로 PD연합회와 언론정보학회가 긴급 주최한 토론회에 토론자로 참석한 신PD는 "MBC는 방통심의위의 제재가 강화된 뒤 자체 검열이 심해졌다. '무한도전'에서 '돌+I'를 더 이상 사용하지 못하고 있다"고 밝혔다.
> '무한도전'에 출연 중인 노홍철의 캐릭터를 희화화한 '돌+I'는 지난 7월 방송통신심의위원회로부터 출연자의 성격이나 외모를 부정적으로 표현했다는 이유로 방송언어 위반 사례로 꼽혔다.
>
> <2010년 1월 CBS, 노컷뉴스>

어떠한 맥락에서 '빵꾸똥꾸'나 '돌+I'와 같은 표현이 나왔는지 보지 않고 무조건 제재를 하는 건 안타까운 일이다. 하지만 방송은 불특정 다수를 대상으로 하고 국민의 언어생활에 큰 영향을 미치기 때문에 어휘 사용에 제약을 받는다. 그 기준이 정확하지 않아서 종종 논란을 일으키지만 방송 언어는 일상 언어에 비해 제약을 받을 수밖에 없다.

케이블 채널로 방송되는 외화의 자막도 방송 언어에 해당된다. 그래서 속어나 유행어 및 욕설을 자유자재로 사용하기 힘들다. 극중 인물이 욕설이나 험한 말을 내뱉는데 자막 번역은 밋밋하다고 아쉬움을 토로하는 시청자도 있다. 아쉬운 건 번역가들도 마찬가지다. 극중 인물이 아무리 험한 욕설을 퍼부어도 번역가는 자체 검열을 해서 말을 순화해야 하기 때문이다.

영화 <아내가 결혼했다> 중에서

덕훈　섹스.
인아　정사.
덕훈　성교.
인아　자다.
덕훈　그 짓.
인아　밤일.
덕훈　섹스에 대한 말 무지하게 많다. 그렇지? 뻑!
인아　좋아. 본색을 드러낸다, 이거지? 떡!
덕훈　떡? 잘한다. 요건 몰랐을 거다. 빠구리.
인아　그럼 나는…
덕훈　빠구리 알아?
인아　응.
덕훈　아는 거 많다.
인아　많지 그럼.
덕훈　참 내.
인아　씹!
덕훈　씹? 잘한다.
인아　빠구리보다는 낫다.

한국 영화 <아내가 결혼했다>에서 남녀 주인공 인아와 덕훈이 '섹스'의 다양한 표현을 하나씩 말하는 장면이다. <아내가 결혼했다>가 지상파에서 방송된다면, '뻑' '떡' '빠구리' '씹'은 무음 처리되거나, '삐~' 소리로 대체될 것이다.

극장 개봉작은 관람 등급을 엄격하게 지키는 반면, 지상파는 더 많은 사람들이 보기 때문에 심한 욕설이나 속어를 여과 없이 내보낼 수 없다. 이런 까닭에 지상파 드라마는 극장 개봉작에 비해 욕설과 속어를 자유롭게 사용하지 못한다.

영화를 번역하다 보면, 극중 인물이 온갖 욕설과 속어를 쏟아내도 그걸 제대로 살려 줄 수 없다. 그 때문에 답답한 적이 한두 번이 아니다. 자막에서 허용되는 욕설은 기껏 해 봐야 '젠장' '제기랄' '빌어먹을' '망할' '우라질' '개자식' '엿 먹어' 정도다. 더 심한 표현은 감수 단계에서 수정된다.

자막에서 사용할 수 없는 표현을 몇 가지 예로 들겠다.

**씨팔, 아가리 박쳐, 개새끼, 구라치다, 토끼다, 뻘짓, 지랄하다
망할 년, 좆같다**

인터넷 용어와 유행어도 자막에 자유롭게 사용할 수 없다. 하지만 상황에 따라 적절하게 사용하면, 재치 있는 자막을 만들 수 있다. 방송국에서도 줄거리 전개상 꼭 필요하다 싶으면 인터넷 용어와 유행어를 사용하는 걸 허용한다. 물론 그 기준이 매우 주관적이라서 애매할 때가 많다. 케이블 채널로 방송

되는 외화의 자막을 꾸준히 보면서 어떤 표현이 허용되는지 감을 잡아야 한다.

기타 유용한 영상번역 팁

1. 부호 쓰기

(1) 마침표는 사용하지 않는다

나는 성공하고 싶어.

수정)
나는 성공하고 싶어 (마침표를 삭제한다.)

안녕. 반가워

수정)
안녕, 반가워 (마침표를 쉼표로 바꾼다.)

단, '36.7'처럼 소수점을 나타낼 때는 마침표를 사용할 수 있다.

(2) 쉼표는 자막 끝에 사용할 수 없다

나는 괴로워 죽겠는데,
웃음이 나와?

수정)
나는 괴로워 죽겠는데
웃음이 나와?
(쉼표를 빼야 한다.)

(3) 큰따옴표는 사용하지 않는다

극장이나 영화제에서 상영하는 외화 자막은 큰따옴표(" ")를 사용하기도 하지만, 케이블 자막은 큰 따옴표를 사용하지 않는다. 작은따옴표(' ')만 사용할 수 있다.

나폴레옹은 이렇게 말했다
"내 시전에 불가능이란 없다"

수정)
나폴레옹은 이렇게 말했다
'내 사전에 불가능이란 없다'
(다른 사람의 말이나 책 구절 등을 인용할 때 작은따옴표를 사용한다.)

웬 남자가 소리치더라고
"잠깐만 기다려요!"

수정)
웬 남자가 소리치더라고
'잠깐만 기다려요!'

(4) 작은따옴표 사용법

생소한 지명과 인명 및 단체나 상품명이 나오면 작은따옴표를 사용한다. 영화나 책 제목 따위도 작은따옴표로 표시한다.

내 고향은 '크립톤' 행성이야
(크립톤은 실제 지명이 아니라, 가상의 공간이므로 시청자한테 낯선 지명이다. 이럴 경우 작은따옴표를 사용한다.)

나는 뉴욕에서 왔어
(뉴욕은 굳이 설명하지 않아도 누구나 아는 지명이다. 이럴 경우는 작은따옴표를 사용할 필요가 없다.)

영화 '쇼생크 탈출' 봤어 (영화 제목)
'군주론'이란 책을 읽었어 (책 제목)

강조하고 싶은 내용은 작은따옴표를 사용한다.

A : 검사관을 봤어
B : 검사관이 아니라 '검시관'이겠지
(A가 검시관을 검사관이라고 잘못 발음하자, B가 바로잡아 준다. 이럴 경우 작은따옴표를 사용할 수 있다.)

편지나 책을 읽는 대사는 작은따옴표를 사용한다.

편지에 이렇게 적혀 있어
'나중에 다시 올게'

이렇듯 작은따옴표는 여러 가지 상황에서 사용된다. 무분별하게 많이 사용하면 자막이 지저분해질 수 있으니, 꼭 필요한 경우에만 사용하자.

(5) 말줄임표 사용법

자막에서는 말줄임표를 쓸 때 마침표 세 개(…)를 입력한다.

저기‥ (×) / 저기…… (×) / 저기… (○)

말줄임표는 다음과 같은 경우에 사용한다.
말을 하는 도중에 다른 사람이 끼어들어서 말이 끊길 경우에는 이렇게 쓴다.

A: 그러니까 내 말은…
B: 듣기 싫어!

말을 하다가 한참 뜸 들인 뒤, 다시 말을 이어갈 경우에는 이렇게 쓴다.

저기… (잠시 멈칫한다.)

**어떻게 말을 꺼내야 할지
모르겠네**

하지만 말을 잠깐 멈칫할 때마다 말줄임표를 사용하면, 자막이 산만해 보인다.

알겠… 습니다

수정)
알겠습니다
(한참 동안 말을 중단한 거라면 자막을 두 줄로 나눠야 한다. 하지만 아주 잠깐 말을 멈칫한다면 말줄임표를 없애는 게 좋다.)

말을 더듬는 경우.

그… 그게…

말을 더듬는 경우에 반드시 말줄임표를 사용할 필요는 없다. 극중 인물의 목소리를 들으면 어떤 상황인지 충분히 알 수 있기 때문이다. 말줄임표를 너무 많이 사용하면 자막이 지저분해진다. 일부 방송국에서는 아예 말줄임표를 사용하지 못하게 한다.

네… 네가… 정말…

수정)

네가 정말… ('네가 정말…'이 훨씬 더 깔끔해 보인다.)

(6) 부호는 겹쳐 쓰면 안 된다

왜 그러는데…?

수정)

왜 그러는데?

너 제정신이야?!

수정)

너 제정신이야? / 너 제정신이야!(물음표든 느낌표든 하나만 사용한다.)

그러지 말라고!!

수정)

그러지 말라고!

무슨 일이야??

수정)

무슨 일이야?

(7) 문장 부호 이외의 기호는 사용할 수 없다

엄마~~! → 엄마!

<스타워즈>를 봤어 → '스타워즈'를 봤어

2. 숫자 표기

(1) 한글 표기 VS 아라비아 숫자 표기

숫자는 한글로 표기해도 되고, 아라비아 숫자로 표기해도 된다. 다만, 한 작품 내에서는 표기법을 통일해야 한다.

7개 (○), 일곱 개 (○)

처음에 한글로 표기했다면 뒤에서도 한글로 표기하는 게 좋다. 앞에서는 '7개'로 표기했는데, 뒤에서는 '일곱 개'로 표기하면 일관성이 사라진다.

(2) 10이 넘어가면 숫자로 표기

대체로 열 이하면 한글로 표기하고, 열이 넘어가면 아라비아 숫자로 표기한다.

한 개, 두 개, 세 개, 네 개 … 열 개
11개, 12개, 13개 … 33개

'열아홉 개'보다는 '19개'가 읽기도 편하고 글자 수도 줄어든다.

(3) 단위가 커지면 한글로 표기

30,000달러처럼 만 단위 이상일 경우, 아라비아 숫자로 표기하면 단번에 눈에 들어오지 않는다. 이럴 때는 아라비아 숫자와 한글을 섞어서 표기하기도 한다.

50,000달러 → 5만 달러
700,000달러 → 70만 달러
27,000명 → 2만 7천 명

하지만 백 단위로 떨어지지 않는 경우는 그냥 숫자로 표기한다.

3,756달러 → 3,756달러 (숫자 그대로 표기한다.)
24,647개 → 24,647개

3. 단위 표기 & 단위 환산

(1) 한글 표기 VS 영문 표기

단위는 한글과 영문 표기 둘 다 가능하다. 하지만 숫자 표기와 마찬가지로 한글과 영문 표기 중 한 가지만 선택해서 전체적으로 통일해야 한다.

2킬로미터(○) / **2km** (○)
12그램 (○) / **12g** (○)

한글로 표기하면 글자 수가 길어지기 마련이므로, 영문으로 표기하는 게 좋다.

(2) 단위 환산

단위는 우리나라에서 사용하는 단위로 환산한다.

12피트 → 4미터
3파운드 → 1킬로그램
10인치 → 25센티미터
화씨 50도 → 섭씨 10도

"이건 길이가 10인치야."라고 번역하면 시청자는 어느 정도 길이인지 감을 잡기 힘들다. "이건 길이가 25센티미터야."라고 해야 쉽게 이해된다.

단위 환산을 한 뒤 소수점 이하는 버리거나 반올림한다.

12피트 = 3.6576미터 → 4미터 (소수점 이하를 반올림한다.)
3파운드 = 1.360777킬로그램 → 1킬로그램 (소수점 이하를 버린다.)
10인치 = 25.4센티미터 → 25센티미터 (소수점 이하를 버린다.)

인터넷에서 '단위 환산'으로 검색하면 간편하게 단위 환산을 할 수 있는 도구가 나온다.

한편, 단위 환산을 하지 않는 경우도 있다. 영화나 미드에서 돈 단위가 나올 때는 한국 원화로 환산하지 않는다. "이건 100달러짜리 구두야."라는 대사를 "이거 10만 원짜리 구두야."라고 번역하지 않는다. 다큐멘터리를 번역할 때에도 특수한 경우가 아니면 돈 단위를 환산하지 않는다.

4. 일관성 지키기

명칭이나 호칭, 말투 등을 일관성 있게 번역해야 한다. 일관성을 지키지 않으면 시청자한테 혼란을 줄 수 있다.

(1) 이름 통일하기

'톰 웰슨'이라는 남자가 있다. '톰'이라고 부르는 사람도 있고, '웰슨 씨'라고 부르는 사람도 있다. 혹은 친한 사람들은 '토미'라고 부른다. 처음에는 이 사람 이름이 '톰 웰슨'이란 걸 밝혀 준다. 그 이후에는 '톰'과 '웰슨', '토미' 중 하나를 골라서 이름을 통일해야 한다. 톰과 웰슨, 토미가 가기 다른 세 명이라고 시청자들이 착각할 수 있기 때문이다. '톰'으로 정했다면 극중에서 다른 사람이 '웰슨'이라고 불러도, 자막에는 '톰'이라고 써 줘야 한다. 특히 애칭과 이름을 섞어 쓰면 시청자들은 동일 인물이란 걸 모를 수도 있다.

몇 가지 애칭을 살펴보자.

안드레아, 앤드류 → **앤디**
엘리자베스 → **리즈**
캐서린 → **캐시**
올리버 → **올리**
다니엘 → **대니**
나타샤 → **타샤**

누구는 '엘리자베스'라고 부르고, 누구는 '리즈'라고 부르면, 애칭이라는 설명이 따로 나오지 않으면 동일인이란 걸 모를 수도 있다. 그러므로 본명과 애칭 중 하나를 선택해서 통일하는 게 좋다. 하지만 주의할 점이 있다. 무조건 이름을 통일해서도 안 된다. 자주 등장하는 주인공은 굳이 이름을 통일하지 않아도 된다. 영화 <007>의 '제임스 본드'는 워낙 유명한 캐릭터라서 '제임스'라고 부르든 '본드'라고 부르든 '제임스 본드'를 가리킨다는 걸 쉽게 알 수 있다.

한편, 반드시 이름을 구별해서 번역해야 할 때가 있다.

톰: 안녕하세요, 저는 톰 웰슨입니다
캐서린: 반가워요, 웰슨 씨
톰: 편하게 톰이라고 부르세요, 캐서린
캐서린: **다들 저를 캐시라고 부르니까, 그렇게 불러 줘요**

이런 내용이 나온다면, 다른 상황에서도 굳이 이름을 통일할 필요가 없다. 시청자들이 이미 극중 인물의 본명과 애칭을 인식했기 때문에 본명과 애칭을 섞어 써도 크게 헷갈리지 않는다.

(2) 말투 통일하기

캐릭터의 말투도 일관성 있게 통일해야 한다. A와 B가 서로 존댓말을 하도록 설정했다고 치자. 관계나 상황이 변하지 않았는데 두 사람이 갑자기 반말을 하면 극의 흐름을 해친다. 처음에 각 인물들의 관계를 설정한 뒤 서로의 말투를 일관성 있게 써야 한다. 혹은 내레이션이 나올 경우, 처음에 반말로 처리했으면 끝까지 반말로 해야 한다. 내레이션에 반말과 존댓말을 섞어 사용하면 안 된다.

5. 화면 자막도 번역한다

극중 인물의 대사 이외에 간판이나 책 제목, 신문 헤드라인 등도 번역해야 한다. 또는 화면에 뜨는 영문 자막도 번역한다 이렇게 대사 이외에 뜨는 자막을 '화면 자막'이라고 한다. 대본에 화면 자막이 빠져 있는 경우가 많다. 대본에 화면 자막이 없다고 그냥 넘어가면 안 된다. 영상을 꼼꼼히 보고 화면 자막을 번역해야 한다.

영화 <위시 아이 워즈 히어>

위 사진에서 보다시피, 클로즈업으로 잡히는 글씨는 줄거리 전개상 중요한 단서를 제공한다. 극중 인물이 말하는 대사는 아니지만 반드시 번역해 줘야 한다. 아주 빠르게 스쳐 지나가거나 중요한 내용이 아니면 번역하지 않아도 된다. 사소한 것까지 자막으로 띄우면 줄거리 이해에 오히려 방해가 된다.

6. aunt는 고모일까? 이모일까?

brother는 형일까? 남동생일까? sister는 언니일까? 여동생일까? aunt는 고모일까? 이모일까? 다른 설명 없이 brother, sister, aunt라고 나오면 정확한 관계를 파악하기 힘들다. 극중 인물의 정확한 나이가 언급되지 않으면, 얼굴을 보고 나이를 가늠한 뒤 형인지 남동생인지 결정해야 한다. 사람 얼굴이 나오지 않고 대사에만 등장하면 더더욱 형인지 남동생인지 판단하기 힘들다. 이럴 때는 에둘러서 번역하는 게 좋다.

저는 brother가 있어요 → 저는 '남자 형제'가 있어요
저는 sister가 있어요 → 저는 '여자 형제'가 있어요

형인지 남동생인지, 언니인지 여동생인지 구체적으로 밝히지 않는다.

이건 aunt가 준 선물이에요 → 이건 친척이 준 선물이에요

'고모'인지 '이모'인지 판단할 근거가 없을 때는 일단 '친척'이라고 번역하자. 드라마의 경우, 뒤에 나오는 에피소드에서 정확한 관계가 밝혀지기도 한다. 임의로 '고모'라고 번역했는데, 뒤에 가서 '이모'라는 게 밝혀지면 난감해진다. '친척'이라고 번역해 두면 나중에 고모든 이모든 정확한 관계가 밝혀져도 당황할 염려가 없다.

7. 당신, 그녀, 그 - 어떻게 처리할까?

우리는 일상생활에서 '당신' '그녀' '그'란 호칭을 잘 사용하지 않는다. 번역할 때도 이런 대명사는 피해야 한다.

you = 당신 / she = 그녀 / he = 그

이런 공식은 잊자. '당신'과 '그녀'와 같은 대명사는 이름이나 직책으로 대체하면 좋다.

당신이 그렇게 말했잖아요

수정)

박사가 그렇게 말했잖아요 / 사장님이 그렇게 말했잖아요

그녀가 왔어

수정)

그 여자가 왔어 / 제니가 왔어

8. 주어와 술어를 가까이 붙이자

주어와 술어가 멀리 떨어지면 단번에 이해하기 힘들다.

예시 1)
당신이 앤슬링어한테 당하기 전에
먼저 시청에 갔죠?

→ 주어인 '당신이'와 술어인 '갔죠'가 멀리 떨어져 있다.

수정)

앤슬링어한테 당하기 전에

당신이 먼저 시청에 갔죠?
　주어　　　　　　　술어

예시 2)
네 엄마도 네가
난폭 운전 하는 거 아셔?

수정)
네가 난폭 운전 하는 거
네 엄마도 아셔?
<u>주어</u>　<u>술어</u>

주어와 술어를 가까이 두면 이해하기도 쉽고 자막 윗줄과 아랫줄이 가지런하게 정리되면서 보기에도 깔끔하다.

9. 반대로 번역하기

때로는 원문의 의미를 반대로 번역하면 더 이해하기 쉬워진다. 원문에 나온 표현과 반대의 의미로 옮겨도 된다는 말이다.

(1) You don't want to know.
직역) 넌 알고 싶지 않을걸
의역) 넌 몰라도 돼

(2) Anything else?
직역) 더 필요한 거 있어?
의역) 더 필요한 거 없어?

(3) You should be confident.
직역) 자신감을 가져야 해
의역) 주눅 들면 안 돼

(4) No! Stay!
직역) 안 돼, 여기 있어
의역) 안 돼, 가지 마

(5) I know you're awake.
직역) 깨어 있는 거 알아
의역) 안 자는 거 알아

(6) Why isn't this easier?
직역) 왜 이리 쉽지 않을까?
의역) 왜 이리 힘든 걸까?

위와 같은 경우에는 부정을 긍정으로, 긍정을 부정으로 바꿔 옮기면 쉽게 의미를 전달하면서 극 분위기를 제대로 살릴 수 있다.

영상번역 실전

실제 영상번역가들은 어떤 방식으로 작업을 할까? 번역가마다 작업 방식이 다르지만 일반적으로 많이 알려진 방식을 소개하겠다. 스스로 영상번역가라고 가정하고 이 방식을 따라 연습해 보자.

1. 자료 검색

드라마 <위기의 주부들> 1시즌을 번역한다고 가정해 보자. <위기의 주부들> 1시즌은 총 23화다. 이틀에 하나씩 번역한다고 치면, 두 달 동안 작업할 분량이다. 가장 먼저 자료를 검색하도록 한다. 대략적인 줄거리와 주요 인물들에 대해 조사한다. 그래야 말투를 설정할 때 도움이 된다. 번역하기 전에 기본적으로 확인해야 할 영문 사이트 두 가지를 소개하겠다.

http://www.imdb.com

영화와 드라마에 대한 모든 정보를 데이터베이스로 만들어둔 사이트다. 간단한 줄거리를 비롯해 출연 배우와 캐릭터 소개도 볼 수 있다. 에피소드 방송 순서를 확인할 때도 imdb 사이트를 검색해 보면 된다.

http://www.tv.com

미드에 대한 정보가 총망라돼 있다. 드라마의 줄거리와 캐릭터 정보를 알아볼 때 유용한 사이트다. 이 외에 각 드라마의 국내 팬 사이트나 팬 카페 및 블로그를 찾아보는 것도 도움이 된다. 번역가가 미처 모르는 세세한 정보까지 알고 있는 팬들이 많기 때문이다.

2. 대본 확인하기

영상번역은 대본을 보고 번역한다. 대본은 어떤 형태일까? <위기의 주부들> 1시즌 1화 영문 대본을 엿보자.

> EXT. wisteria lane – DAY
> MARY ALICE EXITS HER HOUSE CARRYING A BASKET AND SHEARS.
> 1. MARY ALICE (VO)
> My name is Mary Alice Young. When you read this morning's paper, you may come across an article about the unusual day I had last week.
> ("paper" – newspaper)
> ("come across" – see or notice)
> She crosses to the flower bed and begins pruning.
> 2. MARY ALICE
> Normally, there's never anything newsworthy about my life, but that all changed last Thursday.
> INT. YOUNG HOUSE - KITCHEN - DAY
> Mary Alice's HUSBAND AND SON are seated at a table. She serves BREAKFAST.
> 3. MARY ALICE
> Of course everything seemed quite normal at first.

지문은 번역하지 않아도 된다. 영상에 나오는 대사만 번역하면 된다. 영상과 대본이 다른 경우도 있다. 이럴 때는 어떻게 해야 할까? 항상 영상을 기준으로 삼는다. 대본에는 'I love you'라고 적혀 있는데 극중 인물이 'I love him'이라고 말했다면 'I love him'을 번역하면 된다. 대본에 대사가 빠져 있으면 귀로 대사를 듣고 번역한다.

3. 스파팅 하기

영상과 대본을 동시에 보면서 스파팅을 한다. 내 경우는, 드라마를 처음부터 끝까지 보면서 스파팅을 한다. 그러면 전체적인 줄거리를 파악할 수 있어서 좋다. 눈은 대본을 보면서, 귀로는 극중 인물의 대사를 들어야 한다. 그래야 대본에 나온 대사와 실제 대사가 일치하는지 확인할 수 있다. 5분이나 10분씩 나누어서 스파팅을 하는 번역가도 있다. 혹은 한 줄씩 스파팅을 하고 번역하는 사람도 있다. 스파팅 연습을 꾸준히 하면서 자신한테 맞는 방식을 찾으면 된다.

4. 번역하기

스파팅을 끝내고 나면 대본만 보면서 번역을 한다. 번역을 하다가 막히는 부분은 다시 영상을 돌려 보자. 영상 속에 단서가 숨겨져 있을 때가 많다. 영상을 반복해서 보다 보면 의외로 쉽게 풀린다.

5. 번역문과 영상 대조하기

번역을 마친 뒤 다시 영상을 돌려 보면서 번역문과 대조한다. 화면과 번역문이 잘 어울리는지, 오역은 없는지, 빠트린 대사는 없는지 등을 꼼꼼히 확인한다. 이때 영상을 보면서 속으로 자막을 읽어 보자. 극중 인물이 대사를 말하는 동안 자막을 다 읽을 수 있어야 한다. 자막을 다 읽기도 전에 다음 대사로 넘어가면 글자 수를 줄여야 한다.

6. 번역문만 보면서 맞춤법 검사

번역문과 영상을 대조한 뒤에는 번역문만 읽어 보면서 맞춤법을 검토한다. 번역을 할 때는 드라마 내용에만 집중하느라 맞춤법에 미처 신경 쓰지 못한다. 맞춤법 검사기만 돌려 봐서는 안 된다. 맞춤법 검사기는 틀린 표현을 완벽하게 잡아내지 못한다. 반드시 사전을 검색해 봐야 한다.

7. 줄거리 작성

모든 작업이 끝난 뒤에는 드라마 줄거리를 7-10줄로 요약해서 쓴다. 대부분의 업체가 줄거리를 작성해 달라고 요청한다. 케이블 방송국 사이트의 드라마 소개란에 줄거리가 실리기 때문이다.

준비된 자만이 기회를 잡을 수 있다고 했다. 실전이라고 생각하고 꾸준히 번역 연습을 해 보자.

쉬어가기 은밀한 19금 번역 이야기

ADULTS ONLY

영상번역을 하다 보면 19금 영화를 번역해야 할 경우가 있다. 19금 영화에서 빠지지 않는 '싸랑신'이 나오면 볼륨을 최대한 낮추고 창문과 방문을 꼭꼭 닫고 번역을 한다. 성인물은 대사가 적은 편인데 의외로 번역하기가 까다롭다. 사랑을 나누다 절정에 이를 때 빠짐없이 꼭 나오는 대사들이 있다. (몸으로만 사랑을 나눌 것이지….)

Yes, yes, yes, yes~~~~~~ (무한 반복! 왜 자꾸 대답을 해?)

I'm coming, coming, coming, coming….
(무한 반복! 뭐가 자꾸 온다는 거야?)

Fuck, fuck, fuck, fuck…. (무한 반복! 왜 욕을 해?)

Oh, my god! (사랑하다 왜 신을 찾아?)

이 표현들은 일상 회화처럼 번역하면 안 된다. 특히 'Fcuk'이나 'Oh, my god'은 화가 나서 내뱉는 욕이 아니라 흥분된 상태를 나타내는 말들이다. '제길, 젠장, 빌어먹을, 세상에, 맙소사.' 이렇게 번역하면 상황과 맞지 않는다. 어떻게 번역해야 할지는 굳이 여기서 밝히지 않겠다. 상상의 나래를 펼치거나 19금 영화를 찾아보길 바란다.

'플레이보이' 같은 성인 채널에서 제작한 영화는 표현 수위가 아주 세고 대사가 절대적으로 적다. 그만큼 번역 시간이 짧아진다. 일반 영화를 번역하는 데 3-4일 정도 걸린다면 성인물은 하루 이내에 끝낼 수 있다. 같은 번역료를 받는다 치면 성인물을 번역하는 게 수입이 더 높다. 그런데 성인물 번역을 의뢰받으면 꺼리거나 거절하는 번역가도 많다. 영상번역을 쉽게 돈 버는 수단으로만 생각하지 않는 것이다. 번역 난이도가 높을수록 시간은 더 오래 걸리고 힘들지만, 끝내고 나면 성취감이 더 크다. 그게 바로 번역하는 즐거움이다.

6부

영상번역가의
유쾌한 반란

대체 불가능한 존재는 없다

번역가로 일하면서 '까라면 까야지'를 작업 모토로 삼았다. 계약직이나 아르바이트직보다 더 열악한 환경에 놓인 번역가. 일을 시작할 때 계약서라는 걸 쓰지 않으므로 내일 당장 일이 끊겨도 이상할 게 없다. 번역을 하겠다는 사람은 줄을 섰으니 업계에서 오래 살아남으려면 '성실한 태도'로 무장해야 한다. 그래야 인정을 받는다. 다른 번역가에게 밀리지 않으려면 실력은 기본이요, 24시간 대기조처럼 일해야 한다. 급하다는 이유로 낮과 밤, 새벽을 가리지 않고 연락하는 업체 관계자에게 항상 상냥해야 하고, 주말은 물론 휴일과 사생활을 반납할 각오를 해야 한다. 아무리 무리한 요구를 받아도 웃으면서 '예스'를 외치며 어떻게든 마감 시간 내에 번역을 끝내야 한다. 그게 번역가의 능력이요, 미덕이다.

  신혼여행 전날까지도 밤샘 일을, 외할머니 장례식 때도 일을 먼저, 선약이 잡혀 있어도 번역 의뢰가 들어오면 약속을 깨면서까지 '성실한 번역가'라는 이미지를 굳건하게 쌓았다. 덕분에 일이 끊임없이 밀려들어 왔다. 한때는 나 자신이 '대체 불가능한 존재'라는 생각에 도취돼 즐거운 비명을 질렀다. 하지만 그 비명은 이내 스스로 내 무덤을 팠다는 절망의 비명으로 변했다.

  무책임하다는 말을 듣고 싶지 않아서 일단 맡은 일은 능력이 되든 안 되든 끝까지 해내려고 애썼던 게 날 옭아맸다. 최소한 3일이 필요한 일을 하루 만에 끝내라고 해도 불가능한 일이라고 거절하지 못했다. 내 능력으로 해낼 수 없다는 걸 인정하기 싫었다. 내 약점을 드러내는 순간, 실력 없는 번역가로 낙인찍혀 대체 가능한 존재로 폐기 처분 될지도 모른다는 공포에 시달렸다.

  그렇게 나는 자의 반, 타의 반으로 완벽주의자가 되었고 일 중독자로 전락했다. 내 삶은 그야말로 번역을 중심으로 돌아갔다. 읽는 책도 죄다 번역 공부와 관련된 것들, 보는 거라곤 영화와 드라마, 만나는 사람은 번역가나 번역가 지망생. 번역을 하면 할수록 내 삶의 반경은 좁아지고 세상을 바라보는 시각도 편협해졌다.

  일이 삶의 수단이 아니라 목적이 돼 버리자 숨이 차올랐다. 매일 마감에 쫓기며 악몽을 자주 꿨다. 일의 노예에서 해방되려면 결단이 필요했다. 내가 움직이지 않으면 아무것도 변할 게 없었다. 영상번역 업계에 발을 들인 지 10년이 훨씬 넘어서야 이런 생각을 하게 되다니, 내가 너무 순진하고 안일했던 건 아닌지. 내가 원할 때까지 계속 번역을 하려면, 내 삶의 태도를 정비하는 게 시급하다 싶었다.

제일 먼저 한 일은 거절하기. 업체에서 무리한 일정으로 번역을 의뢰하면 못 하겠다고 했다. 그러자 상황이 역전됐다. 업체에서 내 일정에 맞춰 일을 의뢰하기 시작한 것이다. 일을 거절하면 번역가 인생이 끝날 줄 알았는데 아니었다. 내가 거절하면 할수록, 업체가 더 안달했다. 업체와도 밀당을 할 수 있다는 걸 깨달았다. (단, 초보 때 이렇게 했다가는 목숨이 위험해질 수도!)

두 번째 한 일은 무작정 떠나기. 프리랜서 특성상 언제 일 의뢰가 들어올지 몰라서 여행 계획을 세우기가 힘들었다. 직업병이 생활까지 지배해 버리면서 여행 계획도 꼼꼼하고 완벽하게 세워야 직성이 풀렸다. 하지만 이제는 목적지만 정하고 계획 없이 무작정 떠난다. 잠시나마 번역과의 연결고리를 끊고 마음과 생각을 비우는 시간을 확보했다. (역시 초보 때 무작정 여행을 떠나거나 잠수 타면 위험!)

세 번째 한 일은 번역과 상관없는 사람들 만나기. 오래도록 성실한 번역가라는 이미지에 갇혀 살다 보니, 번역이 곧 나라는 생각에 지배당했다. 내 삶에서 번역을 빼면 나는 아무것도 아닌 사람이 될 거라는 두려움이 컸다. 번역은 내가 사람들에게 인정받을 수 있는 수단이라고 믿었다. 내가 번역을 그만두면 내 매력도 함께 사라지고 사람들이 실망할 거라고 생각했다. 하지만 글쓰기 수업에서 만난 학인들은 나를 있는 그대로 받아들이고 인정해 줬다. 내가 번역가라서 호감을 갖는 게 아니라 나만의 고유한 매력을 알아봐 줬다. 그동안은 번역가라는 껍데기를 벗어 던지면 사람들 앞에 벌거벗고 선 듯 부끄러웠지만, 이제는 해방감을 느낀다.

어떤 분야에서든 대체 불가능한 존재라는 것은 없다. 내가 빠지면 조직이 무너지길 은근히 기대한다. 그렇게 나의 존재감을 확인하려는 것이다. 크나큰 착각이다. 더 이상 그런 환상에 사로잡혀 자학하지 않기로 했다. 내일도, 한 달 후에도, 1년 후에도, 10년 후에도…. 대체 불가능한 존재로 건재할 거라는 기대감은 버렸다. 그저 오늘 하루, 내가 할 수 있는 일이 눈앞에 있다는 것에 만족할 뿐이다.

내 인생의 터닝 포인트, 책 쓰기

회사를 그만두고 나서 블로그를 시작했다. 지금은 번역가들이 페이스북을 많이 사용하지만 2000년대 중반인 당시에는 블로그를 많이 했다. 번역가들과 교류를 하려면 블로그가 필수였다. 처음엔 넋두리 글을 많이 올렸다. 회사를 다니면서 힘들었던 점, 번역을 우습게 생각하는 사람들에 대한 서운함, 생각만큼 실력이 늘지 않는 나 자신에 대한 원망….

프리랜서 번역가로 자리를 잡은 뒤에는 좋아하는 일을 하며 돈을 번다는 사실이 즐거워졌다. 그때부터 글의 분위기가 조금씩 밝아졌다. 번역하며 사는 이야기를 틈틈이 쓰면서, 공부 자료를 정리해 올렸다. 처음엔 방문자도 거의 없어서 혼자 보는 일기장이나 다름없던 블로그가 이웃이 하나둘 늘면서 방문자 수도 늘어났다. 영상번역가가 되려면 어떻게 하냐고 묻는 사람들도 많아졌다. 나 역시 어떻게 해야 할지 몰라 막막해하던 때가 있었기에, 그런 질문을 받을 때마다 자세하게 답변을 해 줬다.

그렇게 몇 년이 지나니 블로그에 영상번역 관련 글이 상당히 쌓였다. 영상번역가의 생활, 번역료, 공부법, 입문법 등 웬만한 관련 정보는 다 있었다. 그런데도 많은 이들이 똑같은 질문을 계속 했다. 점점 일이 바빠지자 그런 질문에 일일이 답을 해 주기가 힘들었다. 질문한 사람은 한두 줄로 끝나지만, 답변을 쓰다 보면 A4 1장 분량이 넘어가기도 했다. 어떤 질문은 너무 광범위해서 온라인상으로 뭐라 대답해 주기가 곤란했다.

업계에 발을 들인 지 10년쯤 되자, 블로그에 올린 글들을 정리해서 책을 쓰면 어떨까 하는 생각이 들었다. 우선 시중에 나와 있는 책들을 조사했다. 출판번역 관련 책들은 꽤 있었지만 영상번역 관련 책은 몇 권 없었다. 이미 나와 있는 책도 오래 전에 출간된 거라 그동안 변화된 업계 상황이 제대로 반영돼 있지 않았다. 한 분야에서 10년을 버티면 전문가가 된다던데, 나의 10년을 한 번 정리해 보고도 싶었다. 나도 영상번역 업계에서 10년을 버텼으니 나름대로 전문가 아닌가, 이런 자신감이 들었다. (또 한 번의 10년을 지나고 있는 지금, 번역은 하면 할수록 겸손해지는 일이란 걸 절감하고 있지만….)

일단 블로그에 올렸던 글들을 다시 훑어보면서 내용별로 분류를 하고 대략적인 목차를 짜 봤다. 두서없이 올린 글들을 하나씩 다시 정리하다 보니, 갑자기 부끄러워졌다. 번역이 너무 힘들다, 번역 업계 환경이 너무 열악하다, 징징대다가도 번역이 재밌다, 좋아하는 일을 해서 즐겁다, 자뻑에 빠졌다가 하며 오르락내리락했다. 누가 옆에서 날 본다면 조울증이냐고 의심할 만했다. '이런 글을 묶어서 책을 내는 게 의미가 있을까. 이런 책을 누가 읽을까.' 고민에 빠졌다.

혼자 글을 쓰다간 밑도 끝도 없이 자아도취와 자기비하 사이에서 널뛰기할 것 같다. 객관적으로 내 글을 읽고 평가해 줄 사람이 필요하다 싶었다. 그래서 인디라이터인 명로진 선생님의 글쓰기 강좌를 신청했다. 다양한 분야에서 종사하는 이들이 수업을 들으러 왔다. 1년간 기본반과 심화반을 들으며 선생님과 동기들의 조언을 들으며 글을 다듬고 또 다듬었다. 수업이 다 끝나고 명로진 선생님이 수강생들의 원고 기획서를 하나로 묶어서 에이전트에 전달했다. 에이전트에서 책 주제와 맞는 출판사를 찾아 연결해 준다는 것이었다. 두근 반 세근 반

떨리는 마음으로 원고 기획서를 제출했고 연락이 오기만을 목빼고 기다렸다. 그러다 드디어 출판사에서 연락이 왔다. 출판사로 찾아가 계약서를 쓰면서도 '이게 실화인가…' 실감이 나지 않았다. 출간된 책을 손에 쥐었는데도, 얼떨떨했다.

책을 쓸 때만 해도 어떻게든 완성할 생각만 했지, 책이 출간된 이후의 일은 생각하지 않았다. 책이 나온 뒤에 무엇을 할지, 내 삶이 어떻게 될지 상상조차 해 보지 않았다. 책 한 권을 계기로, 번역가로서의 내 삶이 다른 영역으로 확장되리라고는 꿈에도 몰랐다. 책이 출간되고 얼마 지나지 않았을 때 상상마당 아카데미 관계자한테서 연락이 왔다. 내 책을 읽고 강의를 기획해 보고 싶다는 거였다. 매일 혼자 컴퓨터만 바라보며 일만 하느라 사람들을 만날 일도 적어 대인관계를 맺는 데 서툴렀는데, 나보고 많은 사람들 앞에서 강의를 하라니.

처음엔 용기가 나지 않았다. 하지만 10년 동안 번역밖에 모르고 한 우물 안에 갇혀 살던 삶에서 조금 벗어나면 어떨까 싶었다. 고민 끝에 강의를 하기로 했다. 강의 첫날, 2시간을 어떻게 채워야 할지 막막해서 집에서 미리 강의 원고(?)를 써 갔다. 키워드로 정리한 개요가 아니라 연설문처럼 처음부터 끝까지 할 얘기를 다 적었다. 심지어 농담까지. 20명이 넘는 사람들의 시선이 한꺼번에 내 얼굴로 꽂히는 경험은 그때가 처음. 미세하게 떨리는 목소리가 들킬까 조마조마했다. 번역 과제를 내주고 피드백을 정리해서 수업 때 설명해 주는 방식으로 진행을 해서, 수업 전날까지 과제를 검토하고 수업 준비를 하느라 진땀을 뺐다. 잘못된 정보를 알려 주면 안 된다는 생각에, 모르는 것을 알 때까지 검색하고 조사했다. 아는 것도 잘못 알고 있는 건 아닌지 확인하고 또 확인했다.

  그렇게 강의를 하다 보니, 나에게도 큰 도움이 되었다. 혼자 일할 때는 그저 경험에 의존해 감으로 번역을 했는데, 누군가에게 설명을 하자니 이론적으로 정리할 필요성이 느껴졌다. 근거 자료들을 찾아서 번역 기법을 정리하면서 막연했던 것들이 점차 구체화되었다. 영상번역을 전혀 모르는 이들이 내 설명을 들으며 눈빛을 초롱초롱 빛내는 모습은 나에게 좋은 자극이 되기도 했다. '번역'이란 말만 들어도 가슴이 뛰고 눈에서 빛이 나던 내 초보 시절이 그들 모습 위로 겹쳤다. 그들 덕분에 식어 가던 열정도 되살아났다. 10년이 되자 이제 밥벌이 수단으로 전락해 버린 '번역'을 별거 아니다 생각하던 차에, 그 별거 아닌 번역이 누군가에게는 평생 이루고 싶은 간절한 꿈이라는 걸 알게 된 거나.

  세상 밖으로 나와 강의를 통해 다양한 사람들을 만나며 비로소 세상과 소통하기 시작한 나. 딱 우물 하나만큼의 크기였던 내 세계는 책 한 권을 터닝 포인트로 삼아 점점 확장되어 갔다.

밑바닥을 치고 올라오다

"밑바닥이란 말은 원래 'AA(익명의 알코올의존증 환자) 프로그램'에서 유래한 말로 환자들이 더 이상 삶을 유지할 수 없는 상태에 빠진 지점을 가리킨다. 즉, 새로운 길을 선택하지 않으면 죽을 수밖에 없는 상황에 처한 것이다. 그런데 비단 중독자들만 밑바닥을 경험하는 것은 아니다. 위기에 봉착한 사람, '코너'에 몰려 변화를 택해야만 하는 사람이라면 누구나 이런 경험을 한다. 다시 말해 밑바닥 체험은 자신의 삶과 영혼을 파괴하기 싫다면 지금과는 다른 방식으로 살아가야 한다는 걸 절실하게 깨닫는 것이다."

『나는 괜찮지 않다(배르벨 바르데츠키 저, 강희진 역)』에 나오는 말이다. 나도 번역가로 살아오면서 '밑바닥'이란 걸 경험해 봤다. 하나씩 밟고 올라가는 계단에 삶을 비유한다면, 내려올 때도 한 계단씩 내려오면 좋을 텐데. 인생은 계속 상승 곡선을 그리다가도, 어느 순간 낭떠러지 끝에 몰리다 수직 강하하듯 단숨에 아래로 뚝 떨어진다. 업계에서 무사히 10년을 버티고 책도 쓴 저자가 되고 강의도 시작했으니 이제 계속 정점에 있겠구나 자만에 빠진 순간, 정신 차리라고 운명이 내 뺨을 때리듯 나는 한순간에 밑바닥으로 떨어졌다.

어느 날, 시청자 게시판에 내가 번역한 미드와 관련해 오역 지적 글이 올라왔다. 그 뒤로 업체에 갓 입사한 신입 감수자가 내 문장을 난도질하기 시작했다. 그동안 아무 문제 없다가 단 한 번의 오역 지적으로 나의 모든 번역이 의심을 받게 된 것이다.

그 감수자가 잘못 고치는 게 많아서 오랫동안 나와 함께 일해 왔던 책임자에게 메일을 보냈다. 그동안 신뢰 관계를 쌓았으니 내 입장을 이해해 주리라 생각했지만, 그 담당자는 아무런 답변을 하지 않았다. 그렇게 그 업체와의 거래는 끊겼다. 쉽게 말해, 잘린 것이다. 그때가 내 번역 인생의 최대 고비였다. 방심하고 있다가 느닷없이 찾아온 위기라 어떻게 대처해야 할지 막막했다.

하루는 "감히 쌩초보가 내 문장을 뜯어고쳐? 날 가르치려 들어?" 부들부들 분노하다가, 하루는 "내가 정말 번역을 못하나 보다. 지난 10년 동안 내가 번역한 것들이 다 형편없었나 봐." 자기비하에 빠졌다가⋯. 매일같이 감정이 널뛰기를 했다. 업체 관계자를 원망도 했다가 나 자신을 원망도 했다가 자포자기에 빠져 넋 놓고 몇 달을 보낸 것 같다.

『나는 괜찮지 않다』에서 언급됐듯 '새로운 길을 택하지 않으면 죽을 수밖에 없는 상황'에 처한 것이다. 그때 나에게 돌파구는 영화 보기였다. 광화문 시네큐브, 아트하우스 모모, 아트시네마 등 예술 영화관을 찾아 다니며 영화를 봤다. 당시 내 삶이 그다지 즐겁지 않았기에 상업 영화보다는 잔잔하고 차분한 예술 영화를 주로 봤다. 영화를 보면서 다시 번역에 대한 열정을 되살렸다. 집 근처에서 하는 부천 영화제도 잘 안 가던 내가 부산 영화제 작품을 보겠다고 갑자기 부산에 내려간 것도 그때였다. 나와 함께 슬럼프를 겪으며 서로 힘을 주던 동료 번역가 J와 함께 갔는데, 거기서 서로의 꿈을 얘기했다. 나의 꿈은 '글 쓰는 영상번역가 되기'. 그 친구의 꿈은 '국제 영화제 다니며 영화 수입하는 영상번역가 되기'. 둘 다 밑바닥에 떨어신 채로 실현 가능성이 희박해 보이는 꿈을 얘기하면서, 서로 비웃지 않았다. 우린 할 수 있다고 주문을 외웠다.

나는 쉬는 동안 닥치는 대로 영화를 보고, 책을 읽고, 공부를 하며 번역 실력을 다졌다. 다른 번역가들이 작업한 자막을 보며 좋은 표현을 배우고 익혔다. 10년 경력만 믿고 자만에 빠졌던 건 아닌지 자기 점검을 했다. 신입이라고 감수자를 무시했던 건 아닌지 반성도 했다. 감수자를 파트너로 생각하고 더 좋은 자막으로 다듬기 위해 협력해야 했는데, 경계의 대상으로 삼고 신경전을 벌였던 것 같았다.

몇 년이 지나고 나와 J는 그때 말했던 꿈을 이뤘다. 둘이 함께 영상번역 아카데미를 차리고 운영하다가, 나는 번역 회사와 출판사까지 가지를 뻗었고 J는 몇 년간 해외 영화제를 오가며 영화계에서 경험을 쌓다가 영화사를 차렸다. 우리가 상상했던 것 이상으로 더 큰 꿈을 실현해서 스스로 놀라기도 하고 뿌듯했다. 둘 다 밑바닥까지 떨어진 경험 덕분에 다시 치고 올라올 힘을 얻었던 게 아닐까. 그 경험이 없었다면 변화의 필요성을 못 느끼고 계속 제자리걸음만 하고 있었을지도 모른다.

슬럼프라는 건 누구한테나 온다. 번역가로 데뷔하자마자

오기도 하고, 오래도록 별 탈 없이 잘 지내다가 뒤늦은 사춘기처럼 불쑥 찾아오기도 한다. 그때가 바로 다시 치고 올라올 타이밍이다. 우선 밑바닥에 찰싹 달라붙어 누운 채로 쉬자. 마음의 체력이 회복되면 스프링처럼 다시 뛰어오르길.

아카데미와 번역회사 대표로 거듭나다

　책을 내고 나서 강의를 시작할 무렵, 동료 번역가 둘과 공동 작업을 하게 됐다. 잠깐 인연이 있었던 방송국 PD가 나보고 번역팀을 짜 달라고 요청을 했던 것. 난생 처음 번역회사를 거치지 않고 방송국과 직거래를 하게 됐다. 우리가 번역회사처럼 일정을 짜고 번역과 감수를 배정하고 납품하는 거였다. 매달 많은 물량을 처리해야 해서 작업실에서 셋이 모여 함께 일했다. 그동안 혼자 일하다가 누군가와 함께하게 되니 일이 더 즐거웠다. 번역하다 막히면 바로 물어볼 수 있는 동료가 옆에 있어서 든든했다. 밤샘 작업을 할 때면 바쁘게 자판을 치는 중간중간에 수다를 떨기도 하고, 배고파지면 야식을 주문해 배를 채우기도 했다. 고등학교 시절로 돌아가 친구들끼리 수학여행을 떠나 한 방에서 지내는 기분이 들었다.
　팀을 꾸리고 소속감을 느끼고 싶어서 셋이 머리를 맞대고 '라인(Line)'이라는 팀 이름도 지었다. '대사'라는 뜻도 있고 '줄'이라는 뜻도 있어서 대사를 두 줄짜리 자막으로 번역하는 영상번역에 딱 맞는 이름이라고 생각했다. 회사를 차린 건 아니지만 명함도 만들고 각자 직함도 달았다. 나는 '대표', 다른 친구들은 '팀장'. 장난처럼 만든 명함이라 어디 가서 내밀기에는 손이 부끄러웠다. 그때만 해도, 훗날 '더라인'이란 이름으로 아카데미와 회사를 차리게 될 줄은 생각도 못 했다.

앞서 얘기했던 번역가 J와는 강의도 함께 했다. 강의를 하면서 잠재력과 실력을 갖춘 제자들이 하나둘 생기자 업계에 입문할 수 있도록 도와주고 싶었다. 마침, 다른 업체에서도 번역팀을 꾸려 달라고 해서 제자들과 함께 팀을 만들기도 했다. 시간이 지나다 보니 자연스럽게, 우리끼리 번역 인력을 양성하고 업계에 진입할 수 있게 발판을 마련해 주는 시스템이 구축됐다. 공동 번역 요청이 계속 들어오자, 아예 아카데미와 번역회사를 차리는 게 좋겠다 싶었다.

동료 번역가 J에게 같이 아카데미를 운영하자고 제안했을 때 조금도 고민 없이 OK 대답이 돌아왔다. 잘 안 될 수도 있는데 괜찮겠냐고 물었더니, 일단 해 봐야 아는 일이니 미리 걱정하지 말자고 하는 거다.

아카데미와 번역회사라고 하니까 뭔가 거창해 보이지만, 초기 투자 자금은 0원도 들지 않았다. 강의나 스터디를 진행할 수 있는 모임 공간이 많아서 필요한 시간대에 공간을 대여하면 됐다. 강의는 일주일에 한두 번만 진행할 예정이어서 따로 사무실을 구할 필요가 없었다. 번역회사도 마찬가지다. 번역가들은 전부 재택 근무를 하기 때문에 집에서 메일과 전화로 얼마든지 업무를 볼 수 있었다. 애당초 투자 자금이 없으니 아카데미나 번역회사가 망한다 해도 물질적인 타격을 입을 걱정이 없었다.

사무실은 없어도 홍보할 공간은 필요하니, '더라인 번역 오픈케어'라는 온라인 카페를 개설했다. 수강생들에게 번역만 가르치고 끝이 아니라, 지속적으로 정보를 공유하며 교류를 할 수 있는 네트워킹 공간을 만들고 싶었다. 나와 J처럼 오래 함께할 수 있는 동료이자 친구를 단 한 명만 건져도 절반은 성공한 거다.

IPTV와 넷플릭스 같은 동영상 서비스 플랫폼이 늘어나면서 대량 물량을 단시간 내에 공동 번역을 하는 일이 점차 많아졌다. 케이블 채널은 편성표에 따라 방송을 하지만 동영상 서비스 플랫폼은 편성표가 따로 없고 언제든 영상을 볼 수 있는 시스템이라, 많은 물량을 한꺼번에 번역해서 동시에 업로드하기 때문이다. 공동 번역을 할 때면 번역가들과 감수자들 사이에 커뮤니케이션이 원활하게 이루어져야 한다. 각자 재택근무를 하며 전화나 메신저, 메일로 의사소통하는 데 한계가 느껴졌다. 아카데미와 회사도 자리를 잡고 규모도 조금 커진 차에, 사무실을 마련하고 감수 직원도 구했다. 직원들 자리 이외에 남는 공간에 컴퓨터 몇 대를 더 설치해서, 번역가들이 상황에 따라 나와서 일할 수 있게 했다.

아카데미 강의실과 번역회사 사무실을 한 공간에 마련하니 여러모로 편했다. 번역가 교육을 좀 더 효율적으로 지속할 수 있고, 번역가와 감수자의 커뮤니케이션도 원활해졌다. 사무실 곳곳에 책장을 들여놓고 번역 공부에 필요한 책들을 400여 권 이상 구비해 놨다. 수강생들과 번역가들이 오며 가며 공부도 하고, 수업도 듣고, 서로 교류도 할 수 있는 공간이 생긴 것이다. 사무실을 차리면 출퇴근하느라 귀찮고 시간 낭비 하는 건 아닐까 걱정했지만, 언제든 편하게 동료 번역가들을 만날 수 있는 공간이 있다는 게 좋았다. 혼자 일하는 번역가들에게 힘들거나 외로울 때 힘이 됐으면 했다. 누구에게나 비빌 언덕이 있어야 하지 않을까.

내가 프리랜서로 살며 느꼈던 아쉬운 점을 달래려고, 번역 회사를 운영하며 소소한 이벤트(?)를 계속 생각해 냈다. 함께 일하는 번역가들에게 소속감을 주고자 명함을 만들어 주기도 하고, 프리랜서로서 누리기 힘든 유급 휴가 제도도 시행해 봤다. 기회가 될 때마다 번역가들에게 업계 정보를 공유하고 다른 번역업체와 연결해 주었다. 여타 기업들처럼 빵빵한 복지 제도는 만들지 못하더라도 번역가로서 자부심을 느끼며 함께 오래 일할 수 있는 환경을 만드는 게 내 소원이다. 프리랜서일수록 더더욱 동료가 필요하다. 모래알처럼 뭉치지 못하고 언제든 흩어져 버리는 그런 관계가 아닌, 끈끈한 동료애로 묶여 함께 상생하길 언제나 꿈꾼다.

글 쓰는 번역가들의 놀이터, 출판사

2014년 9월 태국 푸켓으로 여행을 떠났다. 그것도 추석 연휴에! 황금 연휴에 휴가를 떠난다는 건 나에게 아주 큰 사건이었다. 영상번역가로 일하는 내내 명절 연휴가 다가오면 살인적인 스케줄에 시달리곤 했다. 방송국 관계자들이 연휴 때 쉴 것을 대비해 그전에 모든 일정을 마치려고 번역할 물량을 폭탄으로 던져 줄 때가 많기 때문이다. 그래서 자의 반 타의 반, 남들 쉴 때 일을 하고 휴가철이 지나면 뒤늦게 짧은 여행을 떠날 때가 많았다. 결혼식 전날까지도 밤새 번역을 했던 나로서는 추석 연휴에 여행을 떠난다는 게 큰 모험이었다. 그것도 해외로.

번역 의뢰를 한 번 거절하면 영영 일이 끊길지도 모른다는 두려움에 업체에 NO를 외쳐 본 적이 없다. 갑자기 잡힌 번역 일정 때문에 친구들과의 약속도 깨기 일쑤였고, 언제 번역 의뢰가 들어올지 몰라서 휴가 계획을 미리 잡지 못했다. 업계에 발을 들인 지 10년이 넘어서야 처음으로 연휴에 여행을 떠나 보게 된 거다. 혹시 몰라서 노트북을 가져가긴 했지만 이미 잡혀 있던 일정은 마치고 가서 연휴 내내 누구 눈치 보지 않고 쉴 수 있었다.

리조트 수영장에서 선베드에 누워 책을 읽으며 한가로운 시간을 보낼 때, 휴대폰 문자가 띠링 하고 울렸다. 뭔가 해서 확인했더니 2011년에 냈던 책 인세가 입금됐다는 알림 문자였다. 출간한 지 3년이 지났는데 그 사이에 2쇄를 찍고 처음 들어온 인세였다. 내가 푸켓 수영장에서 쉬고 있을 때 책이 열심히 돈을 벌어다 준 셈이다. 출판번역은 번역가에 따라 인세 계약을 하기도 하지만, 영상번역은 저작권료 같은 게 따로 없어서 번역 파일을 일단 업체에 넘기면 거기서 끝이다. 부가가치라는 게 발생하지 않는다. 그런데 책이란 녀석은 한번 써 냈더니 3년 내내 부가가치를 창출해 내고 있었던 거다. 계약 기간 5년이 끝날 때까지 책은 조금씩이지만 꾸준히 팔렸고, 절판된 뒤에도 수요가 있어서 전자책으로 다시 냈고 매달 꾸준히 팔리고 있다. 이런 게 바로 '콘텐츠의 힘'이구나 싶었다.

IMF 이후로 경기는 계속 안 좋았다. 영상번역 업계 관계자들도 툭하면 불경기 탓을 하며 번역료부터 인하하려고 한다. 물가는 계속 오르는데 번역료는 역행하고 있으니, 이대로라면 번역만으로 먹고살기가 더욱 힘들어질 수 있다. 시나 소설만 써서는 생계를 잇기가 힘들어 다른 일을 병행하는 작가들이 많아진 지 오래. 이제 번역가도 번역을 계속 하려면 다른 일을 병행해야 하는 시대가 눈앞에 닥친 것이다. 출판번역가들 중에는 '책 쓰는 번역가'가 꽤 있는데, 영상번역가 중에서는 그런 사례를 찾기가 힘들다. 영상번역가들도 자기만의 콘텐츠를 만들어야 차별화가 되고 힘이 생긴다. 번역에만 매달리면 일정 수입을 달성하기 위해 일중독에 빠지고 일하는 즐거움을 잃어버리는 악순환에 빠지기 쉽다.

번역을 즐겁게 오래 지속하려면 경제적인 여유가 뒷받침돼야 하는데, 내 경우에는 아카데미와 번역회사를 하면서 그 문제가 해결됐다. 수입원이 다양해지고, 번역 물량이 항상 쌓여 있어서 원하는 작품을 골라서 번역할 수 있는 상황이 됐다. 하지만 번역회사는 방송국에서 일을 주지 않으면 그대로 일이 끊긴다. 주어지는 일, 누가 시키는 일만 수동적으로 해야 한다는 점에서는 프리랜서 번역가와 상황이 비슷하다. 그래서 콘텐츠를 만드는 일에 자꾸 마음이 끌렸다. 내가 하고 싶은 일을 마음껏 기획할 수 있다는 게 가장 큰 매력이었다. 번역도 번역가들과 팀을 꾸리고 네트워킹을 하면서 영역이 넓어졌듯이, 콘텐츠도 꼭 혼자 만들려고 고집할 필요가 없다고 생각했다. 그렇게 해서 출판사 더라인 북스까지 만들게 된 거다.

영상번역가들 중에도 글쓰기 능력은 기본이요, 특유의 상상력과 창의력 등 무궁무진한 잠재력을 품은 이들이 많다. 다만 그 능력을 펼칠 기회를 만나지 못할 뿐이다. 혹은 스스로 자기 능력을 제한하기도 한다. 그런 이들에게 처음부터 종이책을 쓰라고 하면 당연히 엄두조차 내지 못한다. 그래서 출판사 등록 후 첫 1년은 전자책 제작에 몰두했다. 종이책은 A4 기준으로 150페이지 이상을 써야 한다면, 전자책은 그 절반 분량, 심지어 4분의 1 분량만 써도 출간할 수 있다. 가격을 무료부터 1만 원 이상까지 자유롭게 책정할 수 있으니 부담이 덜하다. 적은 분량을 써서 낮은 가격으로 책정하면 되니까.

1년간 더라인 북스에서 펴낸 전자책은 스무 종이 넘는데 거의 다 번역가들이 기획하고 쓴 책이다. 전자책을 몇 권 낸 후 집필에 자신감이 붙어 종이책까지 출간한 번역가도 있다. 전자책이 쌓이자 판매금이 누적되면서 매달 수입이 발생한다. 여기서 희망을 보았다. 전자책을 한 권만 내고 만다면 별나른 성과가 없지만 지속해서 콘텐츠를 생산해 내면 저자 브랜드도 생기고 새로운 수입원을 확보할 수 있다.

영상번역가는 매일 공부하고 번역한다. 매일 영화와 미드, 다큐 등을 보며 글쓰기 훈련을 하는 셈이다. 일하는 틈틈이 번역하면서 조사한 자료들을 정리해 블로그에 올려 두면 그 자체로 훌륭한 아이템 창고가 된다. 블로그 카테고리를 주제별로 나누면 나중에 필요한 자료를 찾아 보기가 더 편리하다. 영상번역가가 활동할 수 있는 영역을 컴퓨터가 놓인 책상 앞으로 제한하지 말자. 자기만의 콘텐츠를 개발해 좀 더 넓은 세상으로 나아가길 바란다.

나의 존재는 무엇으로 증명하는가

2016년, 미드나 영화를 번역할 때나 극중에서 봤던 변호사를 현실 세계에서 직접 만나게 됐다. 소위 '법 없이도 살 사람'이라고 자부하던 내가 변호사를 선임하고 소송이란 걸 제기하게 될 줄이야!

사건의 발단은 내 블로그에 어떤 이가 남긴 글이었다. 내가 쓴 『영상번역가로 먹고살기』의 개정판이 나왔다고 출판사에서 서평 이벤트를 진행하고 있는데, 저자가 내가 아닌 다른 사람의 이름이라며 어떻게 된 건지 묻는 거였다. 『영상번역가로 먹고살기』는 2011년에 출간됐는데 출판사에서 내 허락 없이 본문에 자사 아카데미 홍보 글을 실어 2쇄를 발행했었다. 그 일로 내가 저작권 침해 문제를 제기했었고, 계약 기간 5년이 지나면 계약을 종료하기로 합의를 했었다. 당시, 출판사는 자기들도 편집에 관여했기 때문에 저자의 허락 없이 2쇄 내용을 변경할 수 있다고 주장했다. 그때 법으로 해결할까 하다가 수정 분량이 많지 않아서 소송을 해 봤자 소용이 없을 거라 생각하고 포기했었다. 그런데 계약이 끝난 후 2016년에 출판사에서 같은 제목으로 개정판을 낸 것이다.

무슨 일인가 싶어서 개정판을 사서 읽어 봤는데 내 책의 내용을 그대로 옮겨 쓰거나 조금씩 수정한 부분이 많았다 예를 들어, '나이 제한이 있나요?'를 '나이 제한은 없나요?'로 바꾸거나 '영상번역을 투잡으로 할 수 있을까요?'를 '영상번역을 부업으로 할 수 있을까요?'로 바꾸거나 '세상은 넓고 번역할 일은 많다. 영상번역가의 일감은 풍부할까?'를 '세상은 넓고 번역할 일은 많다. 영상번역가의 일감은 충분할까?'라는 식으로 바꿨다. 앞뒤 내용을 순서만 바꿔서 짜깁기 하거나, 어떤 문단은 통째로 옮겨 썼다. 이런 부분을 일일이 찾아서 정리했더니 100여 군데에 달했다.

독자들에게 혼동을 주지 않기 위해, 이 내용을 정리해서 블로그에 올렸더니 출판사에서 내 글을 보고 책이 출간된 지 한 달도 안 돼서 절판을 시켰다. 서평 이벤트를 진행한 온라인 카페에서는 회원들에게 전체 쪽지를 보내 저작권 침해는 아니지만 기존의 저자가 불쾌함을 표시해 책을 절판시키기로 했다고 설명했다. 끝내 출판사는 저작권 침해를 인정하지 않은 것이다.

두 번이나 저작권 문제로 출판사와 갈등이 생기자 확실하게 해결하고 넘어가기 위해 법적 절차를 밟기로 했다. 결과적으로 수백만 원의 변호사 선임비가 들고 6개월이라는 시간이 들었지만 '저작권 침해 인정' 결과를 받고 나서 잘한 일이구나 싶었다. 권리를 침해당했을 때 내가 가만히 있으면 누구도 대신 내 권리를 되찾아 주진 않는다. 용기를 내서 내 목소리를 내고 직접 행동을 한 내가 스스로 대견했다. 이렇게 또 한 뼘 자랐구나 생각했다.

일단락이 됐다고 생각하고 일상으로 돌아간 지 한두 달쯤 지났을까. 경찰서에서 전화가 왔다. 내가 저작권 침해 내용을 정리해서 올렸던 글들을 출판사에서 수집해 명예훼손으로 고소를 했다는 것이다. 피해자가 가해자가 되고, 가해자가 피해자가 되는 건 손바닥 뒤집듯 한 순간이구나. 억울하고 화가 나서 눈물이 저절로 났다. 고소를 당했다고 바로 유죄인 건 아니니 마음을 다잡고 반박 자료를 준비한 후 조사를 받았다. 조사관 앞에 두터운 서류 뭉치가 놓여 있었다. 출판사에서 내가 온라인에 올렸던 글들을 샅샅이 검색하고 캡처를 해서 자료로 제출한 거였다. 나도 모르는 사이에 누군가한테 검열을 당했다는 생각에, 등골이 서늘해졌다. 다행히 결과는 명예훼손이 아니라고 나왔다. 이렇게 또 정말로 사건이 마무리되나 싶었다.

그러고 얼마 후, 온라인에서 내 책 제목을 검색해 봤는데 아무 결과가 뜨지 않았다. 온라인 서점에서도 검색을 해 보니 모든 정보가 싹 사라졌다. 출판사에서 삭제를 했나 보다 싶으면서 마음에 구멍이 뻥 뚫린 듯 찬바람이 온몸을 훑고 지나갔다. 거기서 끝이 아니었다. 얼마 지나지 않아 출판사에서 같은 제목으로 또 다른 저자의 이름으로 책을 출간했다. 이제 책을 검색하면 내 이름이 아닌 다른 저자가 쓴 책만 뜬다. 한동안 울적했다. 내가 썼던 책의 정보가 사라지자 내 존재 자체가 사라져버린 것 같았다. 여성빈역기로서의 10년 삶을 고스란히 담았던 나의 첫 책과 함께 내 10년 인생을 잃어버린 듯했다.

그러던 중 애니메이션 <모아나>를 봤다. 소녀 모아나가 위험에 빠진 부족을 구하기 위해 반신반인(半神半人) 마우이를 찾아 모험을 떠나는 이야기다. 도중에 마우이가 초능력의 원천인 갈고리를 잃고 나서 "난 갈고리가 없으면 아무것도 아니야!"라고 절규하는 모습을 보자, 내 모습이 그 위에 겹쳐졌다. 고작 책 정보 하나 사라졌다고 정말 난 아무것도 아닌 게 될까.

난 지금 이렇게 이 자리에 있는데. 나의 존재는 책으로만 증명할 수 있는 건가? 혹은 제3자의 인정을 받아야만 하는 건가?

"나 어느 모퉁이에서 운다네. 나 버려진 거 같아. 나한테마저도…." 시인 허수경이 '늙은 가수'라는 시에서 노래했듯이, 남들이 날 인정해 주지 않는 것보다도 내가 나 자신을 믿지 못하고 부정할 때가 가장 외롭고 힘들다. 나부터 나 자신을 믿어야 한다고 마음을 다잡았다.

마우이도 갈고리에 의존하지 않고 내재된 용기만으로 다시 살아갈 힘을 얻었다. 갈고리에 대한 집착을 버린 순간, 뜻하지 않게 대지의 여신으로부터 새로운 갈고리를 선물 받는다. 나에게는 대신 책을 써 줄 행운의 여신이 없다는 게 안타까울 뿐이다. 그저 내가 할 수 있는 일은, 앞으로도 매일매일 충실하게 살고 열심히 글을 쓰며 삶을 기록하는 것이다.

영상번역가, 연대를 꿈꾸다

2013년에 알바노조가 '최저시급 1만 원 인상'을 요구하며 맥도날드에서 시위를 벌인 기사를 봤다. 문득 영상번역가의 시급은 얼마인지 궁금해졌다. 미드 40분물을 기준으로 계산해 봤다. 몇몇 번역업체는 초보 번역가에게 10분당 1만 5천 원을 번역료로 지급한다. 40분물 한 편을 번역하면 총 6만 원을 받게 된다. 번역가의 시급은 번역 속도가 좌우한다. 가령, A 번역가가 미드 한 편을 6시간 만에 끝낸다면 시급이 1만 5천 원이 된다. 반면, B 번역가가 이틀에 걸쳐 16시간(근로법정 시간 1일 8시간 기준) 만에 끝낸다면 시급은 3,750원이 된다. 2013년 당시 최저시급인 4,860원에 훨씬 못 미치는 액수다. 번역 속도가 느려서 이틀 이상, 심지어 일주일이 걸린다고 하면 시급은 나노 단위로 쪼개져 개미 오줌만큼도 안 될 것이다.

물론, 경력이 쌓이면 기본 단가가 올라가고 번역 속도도 빨라지니 시급도 올라간다. 하지만 많은 이들이 본인의 번역 속도를 고려하지 않고 무작정 업계에 뛰어든다. 영어 좀 공부했으니 쉽게 자리 잡을 수 있지 않을까 기대하는 것이다. 10년 이상 경력을 쌓고 안정적인 수입을 거두는 번역가보다, 일단 데뷔했다가 최저시급도 안 되는 저임금에 시달리다 그만두는 초보 번역가들이 압도적으로 많다. 상황이 이렇다 보니, 최저시급 1만 원 인상을 요구하는 알바노조가 부럽다 못해 질투까지 났었다. 전문직인 번역가도 최저시급을 보장받기 힘든데, 아르바이트직이 지나친 요구를 하는 게 아닌가 싶었다.

나도 대학교 1학년 때인 1996년도에 맥도날드에서 아르바이트를 했다. 그때 시급이 2천 원도 안 됐었는데 대략 5천 원 선까지 인상됐으니 만족해도 되지 않겠냐고 속으로 뾰루퉁했다. 알바노조의 속내가 궁금해서 관련 기사들을 더 찾아보다가 몰랐던 사실을 알았다. 내가 아르바이트를 할 때만 해도, 용돈 벌이로 경험 삼아 하는 친구들이 많았다. 그런데 시대가 달라져도 너무 달라졌다. 이제는 용돈 벌이가 아니라 최소한의 생계를 유지하려고 아르바이트를 하는 이가 늘어난 것이다. 낭만 있게 배낭여행 경비나 모으려고 알바를 하는 게 아니었다. 입학하면서부터 학자금 대출을 받으며 빚쟁이가 된 청년들은 공부에 투자할 시간을 반납하면서까지 알바를 하며 근근이 생활을 이어갔다. 청년들뿐만 아니라 중장년층도 알바에 의존해 생계를 이어가는 이가 절대적으로 늘어났다는 얘기에 한 번 더 놀랐다. 그만큼 일자리 선택권이 크게 줄어든 것이다.

그 뒤로, 번역가를 포함해 제도권의 보호를 받지 못하는 직업이 얼마나 많을지 생각하게 됐다. 알바나 비정규직은 노조라도 있지, 우리 번역가는 노조도 없고 사회적 안전망이 전혀 없다고 투덜대며 다른 직업군을 시기하는 일은 그만뒀다. 대신, 나 스스로 안전망을 마련하는 데 골몰하며 '번역가끼리의 연대'에 눈을 돌렸다. 정부가 대책을 세워 주길 기다리는 건 같은 자리에서 두 번 벼락 맞을 확률보다 더 희박하니까.

우선은 초보 번역가들에게 터무니없이 낮은 번역료를 제시하는 악덕업체와는 일을 하지 말자는 메시지를 담아, 블로그에 글을 올렸다. 앞서 언급한 업체처럼 10분당 1만 5천 원 미만을 주는 곳은 악덕업체에 속한다. 그런데도 업계 정보를 전혀 모르는 새내기들은 일을 준다는 것만으로도 고맙게 생각하며 먼저 고개를 숙인다. 영상번역은 자격증이 있는 것도 아니고, 토플이나 토익처럼 실력을 점수화할 수 없다. 이 점이 악덕업체의 노동 착취를 정당화하는 수단으로 악용된다. "너는 실력이 없지만 특별히 기회를 주겠다. 그러니 낮은 번역료라 해도 감지덕지해야 하지 않냐." 이런 식으로 나오는 거다. 피해 사례를 공유하며, 부당한 일에 당당하게 목소리를 내자고 북돋웠다.

사실, 초보 번역가가 업체에 목소리를 내기는 쉽지 않다. 부당한 일에 대해 항의라도 했다가 일이 끊길 수도 있으니까. "원래 다들 그러는데, 왜 당신만 예민하게 구냐?" 업체 관계자가 이 한 마디를 하면 주눅이 들 수밖에 없다. 내가 예민한 건지, 나만 부당한 일을 당하는 건지 알려면 제대로 된 정보를 알아야 한다. 그래서 선배 후배 가릴 것 없이 동료 번역가를 찾아 꾸준히 교류를 해야 한다. 프리랜서가 혼자 고립돼서 일하면 안 되는 이유다.

경력이 오래된 번역가들의 경우, 번역료도 높게 받고 항상 일감이 쌓여 있어서 후배 번역가들이 어떻게 살고 있는지 신경 쓸 여유가 없을 수 있다. 하지만 후배들이 낮은 번역료를 받으며 열악한 환경에서 일하고 있다는 건, 영상번역 업계 상황이 점점 나빠지고 있다는 뜻이다. 나비효과처럼, 그 여파는 언제라도 경력자들에게도 미칠 수 있다. 같은 물에 몸담고 있는데 나 혼자 재난을 피해 갈 수는 없는 거다.

예전에 극장에서 개봉하는 블록버스터만 번역하는 영상번역가를 초빙해서 특강을 진행했었다. 영상번역가 지망생과 새내기 번역가들에게 선배 목소리를 직접 들을 수 있는 좋은 기회가 될 거라 생각했다. 강사가 도중에 이런 농담을 던졌다. "제가 어느 날 갑자기 교통사고라도 당해서 죽는다면, 여러분에게 기회가 갈지도…." 말이 끝나기도 전에, 사람들이 얼굴에 미소를 지으며 박수를 쳤다. 다 같이 웃고 넘어갔지만, 나는 마음 한구석이 쓸쓸해졌다. 지망생이나 새내기들 입장에서, 선배가 10년, 20년 넘게 계속 버티고 있어서 자신에게 좋은 기회가 오지 않는 거라고 생각하는 거니까.

한번은 이제 갓 번역가로 데뷔한 후배가 넋두리하듯 이런 말을 내뱉었다. "영상번역 아카데미에서 계속 졸업생들이 배출되는데 좀 싫어요. 밑에서 치고 올라오는 것 같아서." 후배들한테 자기 자리를 빼앗길까 걱정하던 그 친구 역시, 아카데미에서 영상번역을 배웠다. 자신도 영상번역가를 꿈꾸며 간절하게 공부하던 시절이 있었을 텐데….

선배가 비켜 주길 바라는 후배, 후배가 있다는 사실조차 부담으로 생각하는 선배. 한 치 앞을 예상할 수 없는 프리랜서로 살다 보니 자기 생존에 급급해 옆을 돌아볼 여유가 없어진 건가. 나 역시 살아남으려고 아등바등했었기에 그런 불안한 마음이 이해가 되기는 한다. 하지만 서로 경쟁 상대로 보지 않고 동료로 생각해야 상생할 수 있는 길이 더 넓어진다. 업계에서는 실력 좋은 번역가를 찾지 못해서 다들 아우성이다. 누구 때문에 내가 밀린다거나 할 일은 없다. 내 실력만 탄탄하다면 번역가의 생명은 자연스럽게 길어진다. 실력 좋은 번역가들이 내 주변에 많아야 좋은 기회가 더 많이 찾아온다. 언제 어디서든 내 편이 되어 주는 동료만 곁에 있다면 영상번역가로서 더 오래, 더 즐겁게 일할 수 있다.

쉬 어 가 기 오역의 탄생

MISTRANSLATION

단어가 어렵거나 문장 구조가 복잡하면 천천히 여러 번 살펴보기 때문에 오역이 나올 가능성이 낮아진다. 오히려 쉬운 문장은 번역하다 조금만 방심해도 오역이 쉽게 나온다. 감수를 몇 차례 거쳐도 오역을 잡아내지 못하는 경우도 있다.

한번은 번역가가 diver를 '운전자'로 잘못 번역했는데 1차 감수, 2차 감수를 거치면서도 아무도 그걸 눈치채지 못했다. diver를 한번 driver로 인식하면 다시 봐도 driver로 보이고, 감수자는 '운전자'를 먼저 보고 영어를 보면 diver가 driver로 보인다. CSI와 NCIS를 동시에 감수한 적이 있는데 NCIS 번역본에 NCSI라고 잘못 적힌 걸 알아보지 못했다. 다행히 방송되기 전에 발견해서 서둘러 수정했는데, 지금 생각해도 아찔하다.

사람의 눈과 뇌는 이렇게 쉽게 속는다. 그야말로 한 끗 차이로 오역이 탄생하는 것이다. 'SVU 성범죄 전담반'도 'SUV'라고 잘못 말하기 일쑤다. 아무래도 난독증에 단기기억상실증이 있는 게 아닌지, 자책할 때가 많다. 번역할 때는 항상 정신을 바짝 차리고 눈을 크게 떠야 한다.

에필로그

삶의 파도 타기

"내면의 불안감을 인식하고 수용하자 오히려 불안정하다고 느껴 온 삶의 조건들을 파도 타기하듯 누릴 수 있을 것 같았다. 삶의 안정을 꿈꾸는 대신 어떻게 파도타기의 중심을 잘 잡을 것인가에 대해 생각해야 한다는 것도 알았다."

2006년, 번역에 지치고 삶에 지쳐서 넝혼이 피페해져 갈 무렵에 읽은 김형경의 『사람풍경』에서 만난 글이다. 그 뒤로 '삶의 파도 타기'를 내 삶의 모토로 삼았다. 마음이 불안하고 눈앞이 깜깜해질 때마다 이 말을 떠올린다. 김형경의 말처럼 '삶이 안정되면   를 하겠다'라고 마음먹는 건 다 부질없고, 삶이 안정되는 순간은 결코 오지 않는다는 걸 매순간 확인한다. '삶은 절대 안정될 수 없다'는 걸 인정해야만 마음의 안정을 찾을 수 있는 아이러니. 삶의 파도가 잠잠해지길 기다리느니, 험난

한 파도를 타는 법을 익히는 게 유일한 생존법이다.

　10년이 지난 지금, 여전히 내 삶은 불안정하다. 잘하고 있다고 스스로 토닥토닥하며 힘을 내 보지만 불쑥불쑥 불안의 그림자가 마음속에 드리운다. 그러던 중, 책 『니를 지키며 일하는 법』에서 강상중의 질문을 만났다. 강상중의 말에 따르면, 내일은 오늘보다 더 나빠질지도 모른다는 불안이 사람들을 엄습했다. 지금 우리는 안정과는 아주 거리가 먼 세상을 살고 있단다. 이제는 학력을 쌓아 취업에 성공한다 해도 안정적인 미래를 보장받지 못한다. 강상중은 이런 불확실한 시대에, 무엇보다 '나에게 과연 일이란 무엇일까'를 생각해야 한다고 강조한다. 일을 단순한 생계 수단으로 생각할 게 아니라 내 삶의 방식을 정하는 수단으로 받아들여야 한다는 것이다.

　이전에는 그저 내 삶이 불안하다 여겼다. 나만의 문제라고 믿었다. 하지만 이제는 사회 전체가, 이 시대 자체가 불확실하다. 내가 번역가라서 불안한 게 아니다. 당신이 직장인이라서 불안한 게 아니다. 안정적인 직업이 무엇인지 고민하는 건 더 이상 의미가 없다.
　강상중의 질문에, 스스로 답을 찾아보고자 한다. 번역이라는 '일'이 나에게 어떤 의미인지, 왜 번역을 하는지, 번역을 통해 내가 어떻게 변하고 싶은지를. 번역으로 어떻게 먹고살 것인지 고민하는 것도 중요하지만, 번역이 나에게 어떤 의미인지 계속 고민해 볼 것이다. 여러분도 자신만의 답을 찾아보길 바란다. 번역가의 삶을 선택하기 전에 왜 번역을 하려는 건지 먼저 치열하게 고민하면 좋겠다. 부디 '나를 지키며 번역하는 법'을 우리가 함께 터득할 수 있기를.

부록 1

영상번역가의 서평

나는 틈틈이 블로그를 한다. 영화나 책을 보고 짧은 리뷰를 남기기도 하고, 이런저런 글들을 두서없이 올린다. 그러던 중 이원석이 쓴 『서평 쓰는 법 - 독서의 완성』을 읽고 제대로 된 서평을 꾸준히 써 보고 싶다는 열망이 생겼다. 서평 쓰기의 일차 가치는 '자신의 내면 성찰'이며 올바른 독서와 성장하는 독서를 지향한다면 삶이 변화한다는데 쓰지 않을 이유가 없었다. 영상번역 강의를 하면서 수강생들한테 번역을 잘하려면 글쓰기를 잘해야 하고, 글쓰기 능력을 키우려면 꾸준히 책을 읽고 글을 써야 한다고 종종 말한다. 그래서 나부터 실천을 하기로 했다.

삶이 변화하는 기적(?)을 맛보려면 글 쓰는 환경을 억지로라도 만들고 정해진 분량을 지속적으로 써야겠다 싶었다. 그래서 '오마이 뉴스'에 서평을 기고하기 시작했다. 번역가든 작가든, 마감이 없으면 움직이지 않는 법. 블로그에 짤막하게 서평을 올리면 조회수가 몇백 회에 그치지만, 언론사 사이트에 서평을 실으니 적게는 몇천에서 많게는 2만 건이 넘었다. 더 많은 이들이 보는 공적인 공간에 서평을 싣는다고 생각하니 블로그에 서평을 쓸 때와는 마음가짐이 달라졌다. 서평을 쓰기 시작하면서 책을 좀 더 깊고 폭넓게 읽게 되었고, '글 쓰는 영상번역가'로 살아가는 원동력을 얻었다. 그동안 기고한 서평 중, 번역가의 시선과 삶이 녹아 든 몇 편을 모아 보았다.

『단어의 배신』 번역가에게 배신감을 준 영단어 100개
박산호 저, 유유

미드 <24>에는 가상조직인 대테러 방지팀이 등장한다. 테러 발생 위험을 감지한 대테러 방지팀 요원이 동료에게 이렇게 물어본다. "Have you called Langley?" 누군가 이 문장을 다음처럼 번역했다. "랭글리에게 전화했어?" Langley를 네이버 영어 사전에서 검색해 보면 아래와 같은 예문이 먼저 눈에 띈다.

Langley is trying change the situation.
랭글리는 이 상황을 바꾸려고 하고 있다.

앞에서 제시한 예문도 Langley를 사람 이름으로 번역한 것이다. 앞 철자가 대문자로 돼 있어서 인명일 거라고 짐작했으리라. 과연 그럴지 아래 문장을 보자.

"company는 미국의 중앙정보국인 CIA를 일컫는 단어이기도 합니다. CIA는 본부가 버지니아 주 랭글리에 있기 때문에 Langley라고도 불리지요."

출판번역가인 박산호가 쓴 『단어의 배신』에 나오는 내용이다. 이 책을 먼저 읽었다면 "CIA에 연락했어?"라고 제대로 번역할 수 있었을 거다.

『단어의 배신』은 영상번역을 시작으로 문서번역을 거쳐 출판번역가로 자리 잡은 저자인 박산호가 60여 권의 외서를 번역하며 수집했던 영단어 중 100개를 선별해 정리한 책이다. 머리말에서 저자는 초보 번역가 시절에 학교에서 배운 영어 단어에 대한 인상과 선입견 때문에 종종 오역을 했다고 고백한다. 평소에 익숙하게 알고 있던 뜻으로 번역하려다, 전혀 생각지 못한 다른 뜻이 더 있다는 걸 알고 단어에게 배신을 느낀 순간이 많았다고 한다. 많은 단어를 안다고 생각했지만 사실은 제대로 알지 못했던 거란 걸 깨달았단다.

내가 매일 컴퓨터 앞에 앉아 하는 일이 있다. 바로 인터넷 영어 사전을 검색하는 것. 영상번역이 직업이라 번역과 감수를 하느라 수시로 사전을 검색한다. 마감 시간에 쫓겨 서둘러 일하다 보면, 여러 가지 뜻 중에서 초반에 보이는 것 몇 개만 쓰윽 훑어보고 넘어가게 된다. 그 뜻을 대입해 봐도 의미가 통하지 않으면 줄줄이 사탕처럼 엮여 나오는 해설을 끝까지 다 읽는다. 그래도 적당한 의미를 찾지 못하면 영문 사이트를 검색하며 사전에 없는 또 다른 의미를 찾아 헤맨다. 그때마다 "이놈의 영단어는 무슨 뜻이 이렇게 많아."라고 씩씩대기 일쑤다. 저자와 마찬가지로 나 역시 수도 없이 영단어에 배신을 느꼈다.

  번역을 하다 영단어에 뒤통수를 맞지 않으려면 사전에 수록된 모든 뜻을 꼼꼼하게 살펴보고 맥락에 맞는 적절한 뜻을 선택해야 한다. 거기서 그치면 안 된다. 영어 사전에도 없는 뜻이 많기 때문에 다각도로 검색을 해 봐야 한다. 슬랭 사전도 뒤져야 하고 역사적, 문화적 배경까지 샅샅이 조사해야 한다. 그런 의미에서 『단어의 배신』은 번역가로서 매우 반가운 책이다. 저자가 번역하다 빈번하게 만난 영단어 중에서도 다양한 의미와 흥미로운 역사를 지닌 난어를 우선적으로 추렸기 때문이다.

  본문을 보면 각 꼭지마다 한 가지 영단어를 제시하며 우리한테 익숙한 의미를 먼저 알려 준다. 그 후 거기서 파생된 또 다른 의미, 역사적 배경을 설명한다. 영단어의 어원이나 인문학적 배경을 얘기해 주는 책은 이미 여럿 있다. 두꺼운 분량에 먼저 기선 제압을 당하고, 책을 펼치면 저자의 무한한 지식 자랑에 기가 눌릴 때가 많다. 반면, 『단어의 배신』은 총 200여 페이지 분량에 책 크기도 아담한 편이라 전철에서 한 손으로 들고 읽어도 좋을 만큼 부담이 덜하다. 거기다 저자가 자신의 경험과 인문학 지식을 버무려 단어 뜻을 사근사근 설명하니, 페이지가 쏙쏙 넘어간다. 100개의 단어를 모았으니 전형적인 단어집인가 싶지만, 에세이처럼 구성해 딱딱하거나 지루하지 않다.

고등학교 시절에 어니스트 허밍웨이의 『무기여 잘 있거라』를 읽으며 제목을 'Goodbye to weapon'이라고 영작하고 우쭐하다가 원제가 'A farewell to arms'인 걸 알고 부끄러웠다는 고백. farewell이 '작별'이란 뜻이란 것도 몰랐지만 arm에 '무기'란 뜻이 있다는 걸 알고 경악했다고. 덕분에 독자 머릿속에도 arm의 다양한 의미가 제대로 박힌다. arrest의 활용 단어 house arrest(가택 연금)를 미얀마의 정치가 아웅 산 수지와 연결해 설명하며 말미에 "역사적인 위인이나 영웅이라는 표현은 쉽게 쓸 수 없다는 생각이 들었습니다."라고 덧붙인다. 저자의 생각을 엿보며 고개를 끄덕이며 읽다 보면 사고의 폭이 넓어진다. cat을 설명할 때는 고양이 주인님을 모시는 집사라고 밝히며 고양이를 숭배하던 이집트 고대 역사까지 자연스럽게 넘어간다. 이렇듯, 저자는 영단어를 중심으로 번역, 영어 공부, 개인 경험을 비롯해 현재 한국의 현실, 서양사, 인문학 이야기를 능수능란하게 연결해 펼쳐 놓는다.

번역가 지망생이라면 선배의 번역 노하우를 얻어 갈 수 있고, 영어 공부에 목마른 독자는 영어 공부법 단서를 얻어 갈 수 있다. 100개 단어 모두 우리에게 익숙한 쉬운 단어로 이뤄져 있어서 영어가 아닌 타 외국어를 공부하는 이들에게도 부담이 없을 것 같다. 앉은 자리에서 몇 시간 만에 다 읽을 수 있을 만큼 쉽고 가볍다.

아무리 쉬운 단어만 골라 놨다지만, 책의 모든 내용이 모두 머릿속에 남는 건 아니다. 억울하다. 분명 쉽고 재미있게 읽었는데, 책을 덮는 순간 휘발되어 버리다니. 하지만 저자는 애당초 영단어를 정복하는 비법을 알려 주겠다고 호언장담하지 않았다. 이 책에서 단서를 얻어 영어 공부 방향을 잡으면 된다. 책 마지막에는 저자가 집필하며 참고했던 단어와 인문학과 관련된 책 목록이 수록돼 있다. 본문을 읽으며 단어에 대한 호기심을 끌어 올린 후 그 목록에서 관심이 가는 책을 골라 읽어도 좋겠다. 나는 『단어의 배신』을 덮자마자 온라인 서점 장바구니에 참고 문헌 목록을 담았다.

세상의 모든 영단어를 모조리 모아 놓은 벽돌만 한 두께의 영어 단어집들은 영어를 정복해 보자고 독자를 부추긴다. 영어를 공부하는 이라면 다들 책장에 그런 책 한 권쯤 있으리라. 맨 앞부분만 손때가 타고 뒤쪽은 새하얗게 깨끗한 채로 어딘가에 처박혀 있을지도 모르겠다. 외국어는 정복할 수도 없고 정복해야만 하는 대상이 아니다. 정복하겠다고 야심 차게 달려들었다가는 계속 배신당하고 뒤로 나가떨어질 것이다.

"나에게 배신감을 준 단어를 채집해서 처음 번역을 시작하는 사람은 좀 더 영리하게 공부하길 바라는 마음으로 정리를 해 보았다. 이렇게 단어를 정리하다 보니 이 원칙은 어디에나 적용할 수 있겠다는 생각이 든다. '다 아는 거야, 다 겪어 본 거야, 다 해 본 거야'라는 오만과 편견 속에서 나는 얼마나 많은 세상의 이면을 알아채지 못한 채 살아온 걸까. 나도 모른다는 냉엄한 사실을 인정하는 것이 진정한 앎을 위한 첫 단계가 아닐까."

저자의 말에 격하게 고개를 끄덕였다. '에게? 이렇게 쉬운 단어를 또 공부하라고?' 이런 자만을 버리고 꺼진 불도 다시 보자는 심정으로 익숙한 단어를 다시 들여다봤더니 또 다른 얼굴을 불쑥 내민다. 그저 영단어 하나 공부하는 것뿐이라고 생각했는데, 역사를 알게 되고, 세상을 알게 되고, 삶에 대해 생각까지 하게 되다니. 이것이 바로 외국어를 공부하는 즐거움이요, 번역을 하는 원동력이다. 인공지능 번역기가 발달하면서 조만간 외국어 공부를 하지 않아도 되는 시대가 오는 거 아니냐고 말하는 사람들이 있다. 번역가로서는 일자리가 사라질 수도 있는 상황이라, 공포스러운 얘기다. 단어 공부를 하며 섬세하게 사유하여 고른 단어를 적재적소에 배치하는 능력을 갖추면 불안의 시대를 살아가는 우리에게 힘이 될 거라는, 저자의 말이 위로가 된다.

『그런 여자는 없다』 방송 자막에서 '잡년'을 피하는 이유
게릴라 걸스 저, 우효경 역, 후마니타스

"잡놈과 미친놈은 써도 되지만 잡년과 미친년은 안 됩니다."

영상번역 강의를 할 때 표현 순화에 대해 설명하면서 자주 예로 드는 말이다. 케이블로 방송되는 미드는 방송 심의 규정상 심한 욕설이나 비속어, 은어를 자막에 사용해선 안 된다. 아이들을 포함해 불특정다수가 TV를 시청하기 때문에, 극장에서 상영하는 영화보다 엄격한 기준을 적용한다. 내 설명을 듣고 간혹 '남녀차별' 아니냐는 반응이 돌아온다. 정말 그럴까?

왜 '년'이 들어간 표현은 사용하지 못하게 하는지 궁금해하던 중 게릴라걸스가 쓴 『그런 여자는 없다』를 만났다. 게릴라걸스는 뉴욕에서 결성된 페미니스트 행동주의 그룹으로 1985년부터 30년 넘게 익명으로 활동했다. 주로 고릴라 가면을 쓰고 공공장소에서 성차별 반대 시위를 벌인다.

게릴라걸스는 여성에 대한 고정관념이 우리 삶에 미치는 영향력을 약화시키고자 이 책을 썼다고 서론에서 분명하게 밝혔다. 더 나아가 부정적인 고정관념에서 벗어나는 방법을 제안하겠다고 천명했다. 이들은 우선 '파파걸, 말괄량이, 이웃집 소녀, 팜므 파탈, 잡년, 노처녀' 등 역사적으로, 사회적으로 여성 혐오가 뿌리 깊게 박혀 있는 언어의 실체부터 파헤친다.

"고정관념과 언어는 마치 탯줄로 이어진 산모와 아이처럼, 대중문화 안에서 잉태되어 일상의 은어나 속어들 속에서 탄생한다. 오늘날 가장 활발한 고정관념의 창시자는 바로 영화나 텔레비전, 음악, 신문, 잡지와 같은 미디어다."

영상번역가가 직업인 만큼, 나는 영어권 영화와 미드를 자주 접한다. 극중에서 bitch나 slut이란 표현을 만나면 어떻게 번역할지 고민하느라 멈칫한다. 대체로 먼저 머릿속에 떠오르는 표현은 '잡년'이나 '걸레'. 거침없고 헤픈 여자를 가리키는 이 표현들을 나는 대체 어디서 배운 걸까. 부모님이나 학교 선생님이 가르쳐 줬을 리는 없지 않은가.

결국, 그동안 수많은 영화나 드라마를 보면서 나도 모르게 머릿속에 각인된 것이다. 『그런 여자는 없다』를 읽으며 여성 혐오가 반영된 표현들이 이렇게나 많다는 걸 확인하고 깜짝 놀랐다. 더 소름이 돋는 건, 그 많은 표현을 내가 거의 다 알고 있다는 사실이었다.

너무나 자연스럽게 몸에 배서 이상하다고 생각해 본 적이 없다. 왜 그런 표현들이 생겨났는지 의문을 가져 본 적도 없다. 그저, 번역가로서 심의 규정에 어긋나지 않고 한글 자막에 사용할 수 있을지 여부만을 따졌다. 문란하게 여러 남자와 관계를 맺는 여성 캐릭터를 보면 '걸레'라는 표현이 떠올랐지만, 남성 캐릭터를 보고는 '걸레'라는 표현을 떠올린 적이 없다.

'니 에미랑 떡이나 쳐(터키)', '엄마랑 붙어먹는 새끼(미국)'처럼 각 나라마다 엄마를 비하하는 욕설들이 있다. 한국이나 중국 같은 아시아권 나라도 예외가 아니다. 한국 영화에서도 이런 류의 욕설을 자주 듣는다. 그런데 좀 이상하다. '니 애비랑 떡이나 쳐' '아빠랑 붙어먹는 년'이란 표현은 들은 기억이 없다.

『그런 여자는 없다』를 보면 미디어가 어떻게 여자에 대한 고정관념을 만들어 사람들에게 주입시키고 확산시키는지 잘 알 수 있다. 자신도 모르게 미디어에 세뇌된 대중은 고정관념에 자신을 투영하고 고정관념화된 행동을 하게 된다는 것이다. 실제로, 여자들이 천성적으로 수학에 약하다는 믿음은 오랫동안 과학 분야에 진출하는 여성들의 숫자를 크게 제한하는 효과를 낳았다고 한다.

여성에 대한 고정관념을 깨려면 우리가 아무렇지 않게 사용하는 언어부터 다시 살펴야 한다. 특히, 미디어가 새로운 고정관념을 만들어 내고 확산하지 않는지 주의를 기울여야 한다.

다시 '잡년'의 번역 이야기로 돌아가 보자. 미드에서 'son of the bitch'를 만나면 '잡년의 새끼(창녀의 자식)'라고 번역할 수 없다. '개자식'으로 순화(?) 한다. 남녀차별적인 발상 때문이 아니다. '년/여'가 들어간 표현들이 대부분 남자를 가리키는 비속어보다 '훨씬 더' 부정적인 의미가 짙고 비하와 혐오 수위가 높기 때문이다.

최근에 이슈화가 된 신조어 '맘충'은 공공장소에서 몰지각

한 행동을 하는 일부 엄마를 가리키는 의미에서, 남편이 출근한 시간에 카페에 나가 커피를 마시는 엄마까지 비난하는 의미로 확장됐다. 노키즈존 문제까지 불거지면서 모르는 사람이 없을 정도로 보편화된 신조어지만 맘충 역시 자막에 써선 안 된다. 이 역시 여성 혐오 표현이기 때문이다.

번역을 하다 보면, 상황에 따라 유행어나 신조어를 사용해보고 싶다는 유혹에 빠지기 쉽다. 튀는 표현으로 재미를 배가시키겠다는 욕심을 부리다 보면 선을 넘어설 위험이 높다. 여성 캐릭터의 몸매만을 보고 '뚱녀', '베이글녀'처럼 원문에도 없는 표현으로 번역한다거나 하는 일은 경계하려고 한다.

직장 동료인데 아무 이유 없이 여자만 남자에게 존대를 하게 설정하면, 관객이나 시청자가 지적하기도 한다. 이제는 대중이 미디어에 녹아든 남녀차별주의를 자각하고 문제 제기를 하는 것이다. 번역가도 맥락과 상관없는 남녀차별적 표현은 피하도록 자기 검열을 해야 한다. 미드 자막을 통해 잘못된 고정관념이 전파되는 것을 방지하는 데 일조하는 셈이니, 자부심을 가져도 되지 않을까.

다만, 미드 자막에는 엄격하게 심의 규정을 적용하는 반면, 예능 프로에는 다소 느슨한 기준을 적용한다는 점이 아쉽다. KBS Joy의 <차트를 달리는 남자>에서는 '현대판 신데렐라'라는 주제로 신분 상승한 여성들 이야기를 하며, 영국의 왕세손비 케이트 미들턴을 가리켜 '취직이 아닌 취집'을 원했다는 식으로 화면 자막을 넣기도 했다.

앞으로도 미디어를 통해 여성에 대한 고정관념을 강화시키는 표현들이 끊임없이 전파될 것이다. 무기력하게 세뇌당하지 않으려면 계속 의문을 갖고 문제 제기를 해야 한다. 혹은, 게릴라걸스가 아래에 제안한 것처럼 고정관념을 뒤집는 발상의 전환이 필요하다.

"만약 세상이 야심찬 여성, 거침없는 여성, 내 섹슈얼리티의 주인은 나라고 말하는 여성을 잡년이라고 부른다면, 기꺼이 잡년임을 인정하고 자랑스러워하지 않을 이유가 뭐가 있겠는가? 스스로 '잡년'임을 자처한다면, 그 말은 비하의 의미가 될 수 없다."

『번역을 위한 변명』 영화 자막 비판 잔혹사

그레고리 리바사 저, 이종인 역, 세종서적

"번역가에게 자살을 추천함."

이 문장을 보는 순간, 숨이 턱 막혔다. 극장에서 일본 애니메이션을 보고 온 관객이 SNS에 남긴 글이었다. 일본 영화를 영어 번역가가 번역을 했다는 이유였다. 동료 번역가 A가 겪은 일이다. 마치 내 일처럼 가슴이 쿵 내려앉았다. 절친한 동료라서 감정 이입이 더 잘된 탓도 있겠지만, 영상번역가라면 이런 일을 자주 겪는다. "번역가 면상 한번 보자." "번역 때려치

워라."부터 지면에 그대로 옮기기 민망한 욕설을 듣기도 한다. 번역가의 자질을 운운하며 번역을 그만두라는 글들을 읽다 보면, 같은 번역가로서 정신이 아득해진다. 번역을 그만두라는 건 번역가에게 사형 선고나 다름없다.

관객들은 극장에 돈을 지불하고 영화를 본다. 그들에게 영화는 상품이다. 자막이 엉망이면 작품성이 훼손돼서 불량품이라고 생각한다. 영화는 손으로 만질 수 있는 상품이 아니라 교환이나 환불이 불가능하다. 대신, 번역가에 대해 보이콧 운동을 하는 방식으로 소비자의 권리를 주장한다. 영화 평론가나 문학 평론가는 있어도 '영화 자막 평론가'는 없다.

이런 상황에서 관객들이 자막 비평을 하고 여론이 형성되면서 번역 품질을 평가하는 문화가 생겨났다. "그동안 번역가들이 얼마나 번역을 엉망으로 했으면 우리가 이러겠냐. 더 이상 못 참겠다." 한 네티즌이 이런 취지로 온라인에 남긴 글을 보고 생각이 많아졌다. 영상번역가에 대한 그 깊은 불신과 증오는 어디서 온 것일까. 앞으로 번역가는 어떻게 대처하고 살아남아야 할까. 어떻게 해야 관객을 배반하지 않으면서 번역 노동자로서 삶을 지속할 수 있을까.

이런 고민을 하던 중, 『번역을 위한 변명』(이종인 역, 세종서적)을 읽게 되었다. 스페인어와 포르투갈어를 영어로 옮기는 번역가들 중 가장 저명한 그레고리 라바사가 쓴 책이다. 첫 장을 열자마자 아래 구절을 만났다.

"번역자들을 당황하게 만들고 낙담시키는 말장난 조의 이탈리아 격언인 '번역자는 반역자'는 아주 오랜 세월 동안 굳건히 버텨왔다. 그리하여 사람들은 번역자가 불운하게도 오류를 저지른 사람보다 더 죄질이 나쁜 반역적 악당이라고 생각하게 되었다."

'번역가의 대부'로 일컬어지는 라바사도 번역 논란에서 자유롭지 않았다. 자기 번역서를 악착같이 씹어대던 비평가를 '번역 경찰'이라고 일컫기도 했다. 일부 과열된 영화 자막 번역 논란을 보면 영상번역가들 역시 '반역자'로 처형돼 마땅한 대상으로 취급받는 것 같다. 문득, 이런 장면이 떠오른다. "원문을 훼손한 죄, 다시는 번역을 하지 못하게 두 손을 잘라라!"

라바사는 번역가를 가리켜 '명예로운 일용직 노동자'라고 표현했다. 이에 반해, 지금 한국의 영상번역가들은 '불명예로운 일용직 노동자'처럼 보인다. 나는 거의 20년간 영상번역 업계에 몸담고 있으면서 업계 시스템과 번역가들의 삶을 지켜봤다. 그 경험을 바탕으로, 감히 '영상번역가들을 위한 변명'을 해 보겠다.

먼저 고백을 하자면, 출판번역보다 영상번역이 태생적으로 더 큰 반역죄를 저지를 가능성이 높다. 극장 스크린에 뜨는 자막은 최대 두 줄까지만 허용된다. 대체로 한 줄에 15글자를 넘어선 안 된다는 불문율이 있다. 집에서 인터넷으로 쉽게 영화를 볼 수 있는 요즘에도, 많은 이들이 비싼 돈을 들여서 극장을 찾는 것은 대형 스크린에서 영상을 감상하는 재미를 만끽하기 위해서다.

자막이 너무 길면 스크린을 많이 가리고 관객의 시선을 빼앗아 감상을 방해한다. 캐릭터 말 속도가 빠를 경우, 원문에 있는 정보를 다 집어넣고 직역을 하면 다 읽기도 전에 자막이 사라진다. 그래서 영상번역가는 원문에 있는 단어를 생략하거나 압축해 간결하게 번역한다. 이런 특성 때문에, 한글 자막이 원문보다 짧고 부실하게 느껴질 때가 종종 있다.

라바사의 말을 살짝 바꾸자면, 영상번역가는 영화의 감독 및 작가를 배신하는 동시에, 다양한 관객층을 배신하게 되는 것이다. 라바사는 본인이 번역한 31개의 작품들을 '명세서'처럼 일일이 나열하며 어떻게 저자와 독자, 그리고 자신을 배반했는지 서술했다. 라바사는 가장 슬픈 반역은 번역가가 자신을 배신하는 것이라고 했다. 번역의 당초 목표를 배신할지 모른다는 두려움 때문에 진부한 규범을 더 중시하면서 확신에 찬 직감을 희생하기 때문이라는 것이다.

이 얘기는 영상번역가에게도 그대로 적용된다. 번역 실력 자체의 문제 말고도, 외적인 압박과 내적인 갈등 때문에 방어적으로 번역을 하면서 더 심각한 반역을 저지른다.

극장에서 개봉하는 외화를 상업 영화와 예술 영화로 구분하지만, 어떤 경우든 상업성과 완전히 분리할 수 없다. 영화사가 지속적으로 좋은 외화를 발굴해 구매하려면, 개봉작이 상업적으로 성공을 해야 한다. 관객을 한 명이라도 더 끌어들이기 위해 마케팅의 일환으로 번역가에게 번역 방향을 지시하기도 한다.

심의 등급을 낮추기 위해 수위가 높은 표현을 순화시켜 달라거나, 어려운 표현을 쉽게 풀어 달라거나, 어린이 관객을 많이 끌기 위해 유행어를 적극 써 달라거나 다양한 요구를 한다. 앞서 말했듯이 '일용직 노동자'와 마찬가지인 영상번역가로서는 고용주인 영화사의 요구를 거절하기가 힘들다.

마니아 팬층을 거느린 원작이 있는 영화를 맡으면, 번역가는 두려운 마음으로 선택의 갈림길에 선다. 마니아 팬을 만족시키는 번역을 할지, 원작을 모르는 일반 관객까지 고려한 번역을 할지. 영화사에서 일반 관객까지 만족시키길 원한다면, 번역가는 마니아 팬들을 배반하게 된다. 이런 경우가 아니더라도, 번역가는 관객 중 누군가는 배반할 수밖에 없다.

관객늘마다 사막에 내린 취향이 다르기 때문이다. 유행어를 쓰면 트렌디하고 재치 있다고 환영하는 이가 있는가 하면, 원작을 훼손했다고 강하게 불만을 표하는 이도 있다. 존대말과 반말이 명확하게 구분되지 않는 문화권의 영화는 번역가가 캐릭터 성격 및 인물간의 관계를 파악하고 말투를 설정한다. 이때도 관객의 성향에 따라 평가가 달라진다.

어떤 작품이 1만 명의 독자를 가지고 있다면 그건 1만 개의 다른 책이 된다는 말이 있다. 영화 역시, 1만 명의 관객이 있다면, 1만 편의 다른 영화가 된다. 번역가도 관객 중 하나이므로 같은 원문도 번역가에 따라 다양한 자막으로 번역된다. 그런데 일부 관객은 번역에 하나의 정답만 있다고 믿는 듯하다. 직역주의를 고수하는 관객은 사전적 의미와 다르게 번역이 되면 틀렸다고 비판한다.

영어와 한국어는 어순도 다른 데다, 모든 단어의 의미를 일대일로 대응시킬 수 없다. 원문을 그대로 투명하게 옮겨야 한다고 주장하는 것은 무리다. 영어를 엄격하게 직역하라는 건, "장난 지금 나랑 하냐." 이런 식의 개콘 유행어 같은 문장을 쓰라는 말이다.

영화사와 관객의 요구 사이에서 줄타기를 해야 하는 영상번역가는 매 순간 자기검열을 하게 된다. 기준이 모호한 자막 비평이 번역가에게 감시 및 억압 수단으로 작용하면 번역가는 안전하고 틀에 박힌 번역을 하게 될 것이다. 최근 급격하게 발전 중인 인공지능 번역기에게 영화 번역을 맡기면 관객들은 더 이상 배반당할 일이 없을까. 원문을 100번 입력해도, 매번 똑같은 번역문을 내는 기계를 더 믿을 수 있을까.

영상에 비치는 캐릭터의 손짓 하나 몸짓 하나, 미세하게 떨리는 얼굴 표정은 기계가 아직 읽어 낼 수 없다. 캐릭터의 미세한 감정까지 번역문에 담을 수 있는 건 인간만이 할 수 있는 일이다. 영상번역가가 자기 확신을 갖고 창의성을 발휘할 수 있게 반역죄에 조금 관대해지면 어떨까. 반역죄의 경중을 따지지 않고 번역가들 목을 모조리 쳐낸다면, 감히 번역을 하겠다고 나서는 이가 없을 것이다.

라바사는 변론을 마치며 책 말미에 아래처럼 적었다.

"판사 자격으로 나는 소위 스코틀랜드식 판결, 즉 '입증되지 않음'이라고 선언해야 한다. 우리 번역자들은 수탉이 우는 시간에 총살당하지 않을 것이나, 그렇다고 작업하면서 뭔가 반역을 저지른 것 같은 느낌을 완전히 떨쳐버리고 자유롭게 나다닐 수도 없다."

라바사는 출판번역가이지만 영상번역가 입장에서도 공감 가는 이야기를 많이 들려 준다. 제목을 지을 때도 의미를 번역할 것인지 소리가 들리는 대로 번역할지 생각하는 그의 모습에 영상번역가의 모습이 겹쳐 보이기도 했다.

매 순간 반역을 저지르며 화가 난 군중에게 처형당하지 않을까 두려워하면서도, 스스로 한 명의 관객으로서 작품에 몰입해 울고 웃으며 깊은 새벽까지 자판을 두늘기고 있을 영상번역가들에게 『번역을 위한 변명』이 조금이나마 위안이 되길 바란다.

부록 2

영상번역 공부에 도움이 되는 책

『그래머 인 유즈(Grammar In Use)』 시리즈

가장 기본부터 공부하고 싶다면 Basic을, 중급이라면 Intermediate를 보면 된다. 많은 사람들이 추천하는 문법책이다. 이 책만 충실히 공부한다면 굳이 다른 문법책은 필요 없다.

『AGAIN 뒤집어본 영문법』 오성호 지음, 김영사

번역하다 보면 원문에 얽매일 때가 많다. 수학 공식처럼 문법을 외워서 번역을 하면 어색하기 짝이 없다. 우리가 잘못 배운 영어 문법 공부의 틀을 과감히 깰 수 있는 책이다.

『루머의 루머의 루머』 제이 아셰르 지음, 위문숙 역, 내인생의책

넷플릭스 오리지널 드라마 <루머의 루머의 루머>의 원작 소설이다. 고등학생인 해나 베이커가 자살을 하기 전, 자살을 하는 이유 13가지를 카세트 테이프에 녹음해 남긴다. 원제는 <Thirteen Reasons Why>다. 별거 아니라고 생각한 작은 행동이 어떻게 큰 파장을 일으키는지 적나라하게 묘사된다. 청소년 문제, 자살, 학교 폭력, 부모와 자식 간의 소통 문제 등 생각할 거리가 많다. 드라마 내용이 원작 소설과 거의 비슷하기 때문에 드라마와 원작 소설, 번역서를 함께 보면 번역 공부에도 도움이 된다.

『**플립**』 웬들린 밴 드라닌 지음, 김율희 역, 에프

10대의 첫사랑을 너무나도 사랑스럽게 그린 영화 <플립>의 원작 소설이다. 6년 동안 이어지는 줄리와 브라이스의 로맨스는 머리부터 발끝, 그리고 심장까지 간질간질하게 만든다. 영화는 2010년에 제작됐지만 한국에서는 개봉되지 않다가 풋풋한 사랑 이야기에 반한 한국 관객들의 끈질긴 요구로 7년 만인 2017년에 개봉됐다. 『루머의 루머의 루머』와 마찬가지로 영화와 원작 소설의 내용이 거의 비슷하므로, 번역 공부 교재로 삼기에 좋다. 나는 영화를 보자마자, 원서와 번역서를 바로 주문했다. 영어 문장이 어렵지 않아서 부담 없이 끝까지 읽을 수 있다. 어려운 원서만 붙잡고 읽다가 계속 중도 포기한 경험이 있다면, 이 책을 읽어 보길. 완독의 즐거움을 느낄 수 있을 것이다.

『번역의 탄생』 이희재 지음, 교양인

번역가 지망생이라면 꼭 읽어 봐야 할 '번역의 바이블'이다. 출판번역가가 쓴 책이지만 한국어답게 번역하는 법을 배울 수 있어서 영상번역에도 도움이 된다. 번역가가 아닌 일반 독자들도 많이 읽은 스테디셀러다.

『그때 번역이 내게로 왔다』 박찬순 지음, 한울아카데미

영상번역 관련서가 많지 않은데, 그중에서도 영상번역 이론을 가장 충실하게 담은 책이다. 30년 넘게 현장에서 경력을 쌓은 영상번역가가 쓴 책이라 번역가의 삶도 엿보고 실무 팁도 얻을 수 있다.

『나도 번역 한번 해볼까』 김우열 지음, 달그림자

번역가 지망생이라면 궁금해할 만한 질문을 한데 모았다. 출판번역 이야기가 주를 이루지만, 번역 분야에 상관없이 갓 공부를 시작한 이들에게 모두 도움이 된다. 번역 이론보다는 현장에서 유용하게 써먹을 만한 실무 팁이 가득하다.

『단어의 배신』 박산호 지음, 유유

출판번역가인 저자는 초보 시절부터, 원어민은 자주 사용하지만 한국인은 잘 모르는 단어의 다양한 의미를 수집했다. 영어 원서에 자주 출현하는 단어 중 다양한 의미와 흥미로운 역사를 지닌 단어 100개를 골랐다. 쉬운 단어를 우선적으로 선정해

부담 없이 읽을 수 있다. 영단어 공부 방법의 단서를 얻고 싶다면 이 책을 읽어 보길.

『번역은 글쓰기다』 이종인 지음, 즐거운상상

제목 그대로 '번역은 글쓰기'다. 번역을 단순히 남의 말을 그대로 옮기는 일이라고 생각하면 안 된다. 글을 쓰는 작가처럼 창의력을 발휘해야 하므로, 현장에서는 '번역작가'라고도 부른다. 번역가의 삶, 번역 공부, 번역의 실제 등 유용한 내용이 많다.

『번역에 살고 죽고』 권남희 지음, 마음산책

일본어 출판번역가가 쓴 책이다. 생생한 경험담을 에세이 형식으로 풀어 놔서 언어에 상관없이 편하게 읽을 수 있다. 일본 소설을 번역하면서 겪었던 비하인드 스토리도 담겨 있어서, 일본 소설을 좋아하는 팬이라면 더 재미있게 읽을 수 있다.

『갈등하는 번역』 윤영삼 지음, 라성일 감수, 글항아리

출판번역 기법을 이론적으로 정리한 책이다. 저자의 말을 빌리자면, 출판번역을 갓 시작한 사람들에게 실질적인 도움을 주는 것이 이 책의 목적이다. '경험적으로 볼 때 이렇게 하는 게 좋다'라고 권위를 내세우지 않고 누구나 납득할 수 있는 번역과 글쓰기의 기준을 제시하려고 고민한 흔적이 곳곳에 보인다. 저자가 번역 강의를 하면서 모아 두었던 학생들의 번역문이 예시로 풍부하게 실려 있어서, 혼자 번역 연습을 해 보기에 좋다. 책 분량이 400여 쪽에 이르고 중간중간 어려운 용어가 등장해서 쉽게 읽히지는 않는다. 그래도 실전에서 참고할 만한 번역 팁이 많으니, 단숨에 읽기보다는 천천히 읽어 보길 권한다.

『번역자를 위한 우리말 공부』 이강룡 지음, 유유

번역가의 실력은 외국어에서 출발해 한국어에서 판가름 난다. 우리말답게 번역하는 방법을 배울 수 있다. 정확한 번역을 하기 위해 꼼꼼히 자료 조사를 하는 저자의 자세에서 배울 점이 많다.

『내 문장이 그렇게 이상한가요?』 김정선 지음, 유유

제목을 보자마자 자기가 하고 싶은 질문이라고 말하는 독자가 많다. 자신이 올바른 한국어 문장을 쓰고 있는지 객관적으로 점검 받고 싶은 이들이라면 꼭 읽어 봐야 할 책이다. 우리가 흔히 잘못 쓰는 문장들을 제시하고 왜 잘못된 건지 설명을 한 후 올바르게 고친 예를 보여 준다. 소설 형식과 설명 형식이 절묘하게 결합된 독특한 구성이다. 중간중간 나오는 소설 내용이 흥미진진한 건 보너스.

『베껴 쓰기로 연습하는 글쓰기 책』 명로진 지음, 리마커블

"영어 뜻은 다 알겠는데, 우리 말로 어떻게 번역해야 할지 잘

모르겠어요." 처음 번역을 시작한 이들이 한결같이 하는 말이다. 소설가들도 처음엔 남의 글을 베껴 쓰기를 하며 표현 공부를 한다. 번역은 외국어 원문의 뜻만 이해하면 안 된다. 그걸 한국어로 제대로 표현해 내야 한다. 무엇을 베껴 쓰기 하면 좋을지 모른다면 이 책으로 시작하자. 저자가 직접 고른 좋은 문장들이 실려 있고 베껴 쓰기 할 수 있는 공간도 있다. 글쓰기의 기본도 함께 배울 수 있다.

『**쓰기의 말들**』 은유 지음, 유유

'안 쓰는 사람이 쓰는 사람이 되는 기적을 위하여'라는 부제목을 달고 있다. 글쓰기가 아니더라도 새로운 분야에 도전하고자 하는 이들에게 용기와 자극을 주는 글들이 가득하다. 글쓰기를 '번역'으로 바꾸어 생각해도 다 들어맞는다. 번역가가 되고 싶은데 정작 공부하긴 귀찮고 공부할 시간도 없다고 괴로워하는 이들에게 강력 추천한다.

영상번역가로
산다는 것

초판 1쇄 발행 2017년 11월 30일
　2쇄 발행 2017년 12월 15일
　3쇄 발행 2020년 10월 5일

지은이	함혜숙
편집	김민희
교정교열	손지연, 어혜선
디자인	오컴의 면도날
제작	제이오
펴낸이	서준식
펴낸곳	더라인북스
등록	제2016-000125
주소	서울시 마포구 월드컵로 167 3층 (윤성빌딩)
전화	02-332-1671
팩스	02-325-1671
이메일	theline4249@naver.com
블로그	blog.naver.com/thelinebooks
페이스북	www.facebook.com/thelinebooks
인스타그램	www.instagram.com/thelinebooks

값은 뒤표지에 적혀 있습니다. 잘못 만든 책은 서점에서 바꾸어 드립니다.
이 책은 저작권법에 따라 보호받는 저작물이므로 무단전제와 무단복제를 금합니다.

ISBN 979-11-8840-304-2 13370

이 도서의 국립중앙도서관 출판도서목록(CIP) 은 서지정보유통지원시스템 홈페이지 (http://seoji.nl.go.kr) 와 국가자료공동목록시스템 (http://www.nl.go.kr/kolisnet) 에서 이용하실 수 있습니다. (CIP제어번호 : 2017030562)